Den oldnordiske litteratur

Georg F. W. Lund

Den oldnordiske litteratur

En kort oversigt

Georg F. W. Lund
(1820-1891)

Den oldnordiske litteratur
– en kort oversigt
Af Georg F. W. Lund
© 2021 www.hemskringla.no
Forlag: BoD – Books on Demand, København, Danmark
Tryk: BoD – Books on Demand, Norderstedt, Tyskland
ISBN: 9788743028437

Første udgave: 1873
Originaltitel: *Den oldnordiske literatur – en kort udsigt*
Genudgivelse: 2021
Heimskringla Reprint.
Ansvh. red.: Carsten Lyngdrup Madsen
Layout: Carsten Lyngdrup Madsen
Omslagsgrafik: Jonas Lau Markussen
www.heimskringla.no

Indhold

Forord

Dette lille arbejde er nærmest fremkaldt derved, at undervisningen i vort oldsprog nu er begyndt i alle landets lærde skoler, og det da måtte synes betimeligt, at de unge studerende havde adgang til en kort og let fremstilling af den literatur, som de føres ind i, uden hensyn til, at mulig også andre kunde have brug for en sådan oversigt. Meningen er ingenlunde den at ville forsøge at trænge frem med et nyt pålæg til, hvad der skal læres og fordres ved eksamen, men kun al give unge mennesker i en alder af 16—18 år, der for de andre (navnlig de gamle) sprogs vedkommende få lignende oplysninger, de nødvendige træk af sprogets og literaturens stilling og betydning, til en rigtig forståelse og opfattelse, for at de kan se, hvad der åbnes dem adgang til ved undervisningen i Oldnordisk. Derfor har *korthed* i fremstillingen været et hovedhensyn, selvfølgelig ved siden af stræben efter klarhed og nøjagtighed. At jeg kender og har benyttet de herhen hørende hjælpemidler, er naturligt; dog håber jeg, at spor af egen behandling og selvstændig opfattelse ikke vil savnes. Men da det var mig bekendt, at den i vor gamle literatur som få bevandrede lærde, hr. bibliotekar, professor *P. G. Thorsen*, i mange år havde arbejdet på en udsigt over den gamle nordiske literatur, men at dette værk ikke kunde ventes fuldendt snart, og desuden vilde være anlagt efter en hel anden plan, anmodede jeg ham om at gennemlæse korrekturarkene af denne lille bog og derved meddele mig sine bemærkninger om enkeltheder. Dette har han gjort, og for de vink og meddelelser, han på denne måde har ydet mjg, aflægger jeg her min skyldige og hjærtelige tak. Dertil må jeg føje en lige så oprigtig taksigelse til min unge ven og tidligere discipel, hr.

stud. mag. *Julius Hoffory*, som har besørget korrekturen og vist sin hengiven-
hed for mig og store interesse for sagen ved den indsigt og opmærksomhed,
hvorved mange enkeltheder ere komne til at stå i en korrektere og konse-
kventere skikkelse. Dette gælder navnlig afgørelsen af det ingenlunde lette
spørgsmål, hvorledes og hvorvidt de oldnordiske navne skulle overføres på
Dansk. Her er fulgt den regel, at de islandske stednavne ere skrevne med
oldsprogets form, ligeledes de egenlige personnavne, men derimod ere de
mytologiske navne daniserede, ligesom også sådanne historiske personers
navne, som ere bievne gængse i vor sprogform. Men en stræng konsekvens
er, tildels med forsæt, ikke søgt opnået.

Århus katedralskole i oktober 1873.
G. Lund.

Indledning

Om Nordens ældste folk og sprog haves ingen sikre efterretninger. Hvad der er lævnet fra den forhistoriske tid, fra landenes første beboelse og gennem ubestemmelige tiders løb, er jordfundne menneske- og dyreknogler, våben og redskaber, hvoraf det kan indses, at i årtusinder før kristendommens indførelse mennesker have levet her og efterhånden udviklet sig til et ikke ganske lavt kulturtrin (stenalderen, broncealderen, jærnalderen — med forskellige begravelsesskikke). De arkæologiske og etnologiske forskninger, der på den ene side understøttes af naturforskningen, på den anden side, så langt sporene af de ældste sprog lade sig forfølge op i oldtiden, af den sammenlignende sprogforskning, bringe dag for dag større lys i hine fjærne tiders mørke. I mangel af direkte efterretninger bliver også stundom det, der kan hentes fra andre oldtidsfolks beretninger, af vigtighed.

Hvilke folk der, før den folkestamme indvandrede, til hvilken alle de nordiske landes nuværende folkeslag med undtagelse af Lapper og Finner høre, beboede disse lande, er ubekendt. De formodninger, man har opstillet om Kelter og Finner, savne sikker grund. Omtrent ved eller ikke længe før vor tidsregnings begyndelse, hvortil noget nær svarer overgangen fra broncealderen til jærnalderen, indvandrede et folk af den gotisk-germaniske klasse fra syd, over land eller over Østersøen, hvilket efterhånden fortrængte de forrige beboere og blev det herskende folk, udbredende sig over Tyskland, Danmark, Sydsverige, derfra over en stor del af Norge, over England, Island

o. s. v. Her bliver det sikre og i øjne faldende sprogslægtskab vor bedste vejleder; men også flere af de ældste gude- og heltesagn, der findes i Eddadigtene og hvor begivenhedernes plads tildels er i Tyskland, vidne om den tidlige slægtskabsforbindelse mellem Nordens og Nordtysklands folk.

Den gotisk-germaniske folkeklasses sprog, der må antages for oprindelig at have været fælles, og som længere ude er beslægtet med Sanskrit, Græsk, Latin og Oldslavisk, synes tidlig ved stammens store udbredelse over forskellige lande at have delt sig i to hovedgrene, den sydlige (germaniske) og den nordlige (skandinaviske), med bestemte skelnemærker. Det ældste større sprogmindesmærke, vi have indenfor hele denne sprogklasse, er *Vulfilas* gotiske bibeloversættelse fra henimod år 400 e. K., medens den nordiske sproggren væsenlig først kendes fra en sildigere tid. Der haves nemlig af den ingen ældre skriftlige mindesmærker end *Runeindskrifterne*, der vel ere fattige i historisk henseende, men meget vigtige i sproglig henseende, især da vi her have originalerne selv, medens vi i bøgerne kun have afskrifter af afskrifter. Hvad vi kunne kalde runesproget[1], deler sig i et ældre (indtil omtr. år 650) og et yngre (i indskrifter fra omtr. 800 til 1050). Sprogformen på de ældre runemindesmærker, der ere fundne i hele Norden, flest måske i Norge, tilhører, så vidt det kan skønnes, den nordiske gren, men kan i ælde fuldt måle sig med Vulfilas sprog. På de yngre mindesmærker viser der sig tilsidst stundom forskel mellem Olddansk, Oldnorsk og Oldsvensk. Disse sidste findes fra Slien og Danevirke lige op til Upland, og betegne således den gamle sproggrænse (ti der er ingen i Holstein); de ere talrigst fundne i Sverige, især

---

[1] Runeskriften må også deles i en ældre og en yngre, der har udviklet sig af den ældre. Den ældre bogstavrække stammer utvivlsomt fra den latinske skrift, der ligesom den græske har sin rod i de fønikiske tegn. Den latinske bogstavskrift er vistnok gennem Gallerne, som optoge den, gået over til de nordiske folk i de første århundreder efter Kristus. I Sverige holdt man længst på runerne; i Danmark brugtes de endnu til ind i 16de århundrede, og det er bekendt, at der haves et helt håndskrift af Skånske lov med en kongerække, der går til Erik Menved og er fra den tid, med denne skrift. Runerne afløstes af den latinske *bogstavskrift*, der med kristendommen kom ind fra England ved munkene (den oldengelske eller angelsaksiske skrift).

i Upland, sjældnest i Norge; adskillige fra England have nogle egne tegn foruden de almindelige bogstaver, ligesom også nogle fra fastlandet (gotiske runer). De ældste danske indskrifter er fra den yngre jærnalder (omtr. 800—1000), og sprogformen er, for så vidt den er tro og rigtigt gengivet ved den ufuldstændige bogstavrække, væsenlig den samme, som vi kende fra Island, med enkelte forskelligheder i lydforhold, der kunne hidrøre dels fra afstanden i tiden, da de skrevne bøger alle ere flere århundreder yngre, dels fra forskel i landskabsmålene. Da runeskriften ifølge sin oprindelse og natur (*rún* ɔ: hemmelig kunst, tale og skrift) ikke egenlig anvendtes til skriftlige meddelelser, hvad der heller ikke føltes trang til i Nordens hedenold efter folkenes hele standpunkt, men især til hellig brug og trolddom, og siden mest til indskrifter over afdøde, indeholde de bevarede mindesmærker, der tillige selvfølgelig næsten altid ere meget kortfattede, ikke meget betydelige historiske oplysninger; men der findes dog ved en omhyggelig betragtning af det givne spor nok til at slutte, at der har hersket en fælles gudelære og tro hos folkestammens forskellige afdelinger i disse tider, og at de have stået på samme trin i dannelse og levemåde. Og som de eneste originale og avtentiske kilder før den egenlige literaturs begyndelse erstatte de til en vis grad savnet af historiske beretninger fra den tid, der ligger forud for al historieskrivnings begyndelse i Norden. De danne et slags supplement til de i sildigere sange og sagn bevarede efterretninger om den nordiske hedenolds heltetid, og flere urokkelige kendsgerninger og uundværlige historiske vidnesbyrd hentes alene fra disse «talende stene»[2].

Da disse ere de eneste bevarede kilder for vor kendskab til det ældste sprog i Danmark og Skandinavien, og da alt andet, hvad der kan have været optegnet, er sporløst forsvundet, må vi, når talen er om literatur, straks vende os til *Island*, hvor den både havde sin egenlige udvikling og hvorfra næsten alt

---

[2] Forbindelsen mellem de nordiske lande og England, hvis sprog efter indvandringen 449, det oldengelske eller angelsaksiske viser sig som en gren af den germaniskgotiske stamme, spores både i sagn (Beowulf) og på andre måder (Wulfstans og Ottars rejsebeskrivelser).

det, der er bevaret, er kommet til os. Det sprog, hvori de hidhørende skrifter ere affattede, er altså den gren af den skandinavisk-gotiske sprogstamme, som norske nybyggere bragte med sig til Island og der bevarede sikkerlig uden betydelig forandring gennem århundreder, da det forblev upåvirket af alt ydre og fremmed, medens sprogformen i hjemmet, Norge, undergik flere forandringer på grund af de idelige kampe og omvæltninger, og i Sverige og allermest i Danmark fjærnede sig endnu længere fra modersproget ved stærke bevægelser og især ved den overhånd tagende berøring med de sydlige lande og indtrængen af Tysk, så at efter få århundreders forløb stamsproget næsten blev et fremmed sprog for folket og først nu i den nyere tid atter er draget frem af mørket som den rod, hvoraf vort modersmål er fremvokset og hvorfra det igen skal drage en sund og kraftig næring ved bortskæren af alt det indpodede fremmede. Ved siden af Islands bebyggelse blev kristendommens indførelse med den latinske bogstavskrift på pergament (skind) og med blæk den vigtigste forudsætning for en virkelig nordisk literaturs tilblivelse. Om end gamle sange og indholdet af gude- og heltesagn lå gemt i folkebevidstheden og forplantedes mundlig gennem lange tider før de to nævnte begivenheder, bragtes det dog først derved og derefter altsammen tidligere eller sildigere i skriftlig form og bevaredes for efterverdenen. I Danmark, ligesom tildels i Norge og Sverige, hvor kristendommen prædikedes af fremmede missionærer, søgte disse og de første ivrige kristne at fortrænge og udrydde alt, hvad der mindede om det gamle hedenskab; men på Island var forholdet et andet. Kristendommen udbredtes der af indfødte, som besad deres landsmænds ejendommelige og stærke agtelse for og kærlighed til det gamle, forbundet med dyb historisk sans og lyst til at opbevare alle fortidens skønne minder.[3] Moderlandenes oprindelige kultur forsvandt

---

[3] At digtekunsten (skaldskab, skaldekunst) dyrkedes i Danmark, før den kom frem på Island, måske også førend i Norge, hvor de første beretninger derom gælde tiden kort før Harald Hårfager, derom vidne mange steder hos Sakse, der beråber sig på ældgamle danske viser og sagn, der gå tilbage til 6te århundrede (Grottesangen, Bjarkemål, Hervararsaga, Skjoldungesaga, sagaer om Rolv krake, Ragnar lodbrog o. s. v.).

for kristendommen, der bragte latinsk kultur og sprog, så at vore første historieskrivere (Ælnoth, Svend Ågesøn, Sakse) skrev fædrelandets historie på Latin; og kun landskabslovene i Sverige og Danmark stå som vidnesbyrd om landenes sprog i hine tider og danne overgangsled mellem det gamle og det ny, medens Norge både bevarede sprogformen mere uforandret og vedblev at frembringe værker, der stå i nøje forbindelse med de islandske både hvad indhold og form angår. — Det bliver derhos af vigtighed ved betragtningen af den oldnordiske literatur i sammenligning med de fleste andre folks at erindre, at den havde sit udspring af den mundlige overlevering, medens folket endnu stod på et standpunkt, hvor den enkelte person træder tilbage og værket bliver et udtryk af, hvad der er en almindelig folkelig ejendom, ikke enkeltmands frembringelse; hvilket gælder ikke alene om de gamle sange og sagn, men også for største delen om de sildigere sagaer og skrifter af andet indhold.

Den oldnordiske literatur omfatter de skrifter, der ere affattede i det oldnordiske sprog, den gamle danske tunge, efter Islands opdagelse og bebyggelse, fra begyndelsen af det 12te til slutningen af det 13de århundrede eller lidt længere ned i tiden. Men uagtet der ingen tvivl hersker herom, har man dog ikke kunnet enes om navnet, idet særlig Nordmændene ville hævde benævnelsen *Oldnorsk* for dermed at betegne, at både sproget og literaturen er væsenlig norsk, ikke islandsk, ikke nordisk eller oldnordisk i almindelighed. Hos os er navnet *Oldnordisk* blevet det omtrent almengældende, idet *Olddansk* (efter *dönsk tunga*) ikke har vundet bifald og heller ikke var berettiget[4], ligesom Tyskerne kalde det «altnordisch»; og denne benævnelses rigtighed godtgøres derved, at ligesom sprogformen er den ældste form, hvori nordisk skriftsprog fremtræder, således er literaturen ingenlunde væsenlig

---

[4] Navnet «dansk tunge» er brugt af Islænderne selv om deres sprog, som betegnelse af det fælles nordiske mål (således i lovbogen Grágás, der vedtoges 1117 og er bevaret i håndskrift fra det 13de århundrede: «at dommeren skulde have lært i barndommen at tale *á danska tungu*»; ligeledes i fortalen til Snorres Heimskringla, i Snorra Edda, i Hervarar saga (dönsk tunga i Sverige) og flere steder).

norsk, men især islandsk, og angår Norden i det hele. Benævnelsen *norrœn tunga* eller *norrœna* betegner sproget i Norge og på Island, efter at man i Danmark havde begyndt at fjærne sig mere fra det oprindelige sprog; den kan altså passende bruges om det særlig norske (love, oversættelser af munkeskrifter, foretagne i Norge), der er samtidigt med det ældste Dansk og Svensk (de gamle love). Men medens løsrivelsen fra modersproget i Danmark efter al rimelighed begyndte ved år 1000, da alle de gamle forhold bleve stærkt rystede og forandrede, og sproget ved år 1100 var væsenlig forandret, holdt det sig meget længere i Norge, hvor forandringen foregik mellem 1300 og 1400 under andre forudsætninger, således at det i meget holdt sig nærmere til det gamle.

Da der kun kan tages hensyn til literaturens værker i den skikkelse, hvori de ere os overleverede, og ikke skal spørges om, hvilken tid og hvilket hjemsted de ældste sange og sagn oprindelig tilhøre — noget, hvorom der endnu i vore dage hersker stor uenighed, idet nogle gøre dem til norske, andre til danske, andre til tyske —, må betragtningen gå ud fra den tid og det sted, som den første skriftlige optegnelse skyldes eller i det mindste for os er den begyndelse, hvorfra det hele er udgået og udviklet, plejet og bevaret. Vi må derfor begynde med en skildring af Island som det mærkværdige værksted for så mange åndsfrembringelser i en forholdsmæssig kort tid (et par århundreder), hvorved dog ingenlunde skal fornægtes, at da landet væsenlig blev befolket fra Norge, nybyggerne fra dette land have medbragt en rigdom af mytiske, sagnhistoriske og virkelig historiske minder. Men medens Islænderne bevarede og bearbejdede det hele med en sjælden dygtighed, opstod der i Norge selv ikke mange skriftlige mindesmærker, og efter år 1300 så godt som ingen.

Islands bebyggelse og historie

Om de gamle forfatteres *Thule*, som Beda (omtr. 730) omtaler, var Island, må vi lade stå hen; den første, der kender landet, er den irske munk Decuilus, der beretter, at ved år 800 kom nogle munke fra de nordbritiske øer til Island, af hvilke «papar» der fandtes spor, da Nordmændene senere kom til det ubeboede land. Som de egenlige opdagere regnes Nordmændene Gardar Svafarson (efter hvem landet kaldes Gardarholm), Nadodd, der kaldte det Sneland, og Floke, der kaldte det Island. Dette skete 850—860, altså ganske kort før den egenlige *landnáms* tid, der strakte sig fra 874 til 928 og i hvilken indvandringen var så stærk (vel omtrent 50.000 mennesker), at landet ingensinde lige til den nyeste tid har haft flere beboere. Anledningen til denne betydelige udvandring fra Norge[5] var som bekendt Harald hårfagers undertvingelse af hele landet, som han samlede til ét rige (872): Trøndelagen og Helgeland, Vest- eller kystlandene og Vigen. De fri og stolte Nordmænd foretrak at vandre ud for underkuelse og afhængighed, mange drog til Jemteland, Helsingeland, Færøerne, Hjaltland, Orknøerne og Syderøerne eller fornemmelig til Island, hvor de bevarede norsk sprog og norsk kultur for siden at udvikle sig selvstændigt. Nybyggerne vare almindeligvis rige og mægtige mænd, som nedstammede fra konger, jarler eller høvdinger, og de førte både deres slægt og undergivne, frigivne og trælle med sig, de bevarede deres

---

[5] Nybyggerne bestod nemlig næsten udelukkende af Nordmænd; der nævnes blandt landnámsmændene kun 1 Dansker og 1 Svensker. De første nybyggere vare Ingolv, der nedsatte sig i Reykjavik, og Leiv eller Hjørleiv.

levemåde og skikke, gudsdyrkelse og tro, forfatning og retsvæsen, dog således, at de af kærlighed til friheden, for hvis skyld de havde forladt hjemmet, indrettede en fristat, medens enevælden befæstedes i Norge. Den norske konges, overherredømme over Island var kun et skin, og den uafhængige fristat blomstrede, først i en patriarkalsk form, siden med en ordnet forfatning, da almindelig lov og ret blev fornøden. Høvdingerne vare almindeligvis tillige præster, som forestode gudstjenesten (goðir, hofgoðir) og indviede tinget, hvor domme fældedes, medens de love, hvorefter der dømtes, vedtoges af alle. Disse vare få og simple: *Ulfljótslög*, efter ophavsmanden Ulfljót, som også fik oprettet en fælles domstol, *Alþing* 928, der holdtes på Þingvöllr ved *Almannagjá* 14 dage hver sommer. I spidsen for retten stod en *lögsögumaðr* (lovsigemand), som siden valgtes på tre år. Den lovgivende forsamling (*lögréttar*) bestod af 12 mænd fra hver fjerding, efter at landet lidt senere var blevet inddelt i 4 fjerdinger (øst-, vest-, syd- og nord-fjerdingerne). Siden indrettedes fire overretter, én for hver fjerding, og år 1004 (ved Njáll) en *fimtardómr* (femterret), et slags højeste ret.

Kristendommen indførtes år 1000. Det første forgæves forsøg skete af *Þorvaldr viðförli*, der fra sin udenlandsrejse bragte biskop Frederik fra Saksland med sig til Island 981. Siden sendte Olav Tryggvason Stefnir Þorgilsson og derpå den voldsomme *Þangbrandr* fra Bremen (997), som efter to års forløb bevægede Hallr fra Siða (Siðu-Hallr) og Gissurr den hvide til at lade sig døbe, og med sværdet i hånd drog landet omkring for at tvinge folk til kristendommen. Men først år 1000, da nogle i Trondhjem fængslede Islændinger førte præsten Þormoðr med sig, blev den ny tro efter mange stridigheder «lovtaget» på altinget og alle døbte efter Siðu-Halls og Þorgeirr den godes forslag.

Gissurr den hvide anlagde en gård i Skalholt, hvor hans søn *Ísleifr* (1006—1080), Islands første biskop, stiftede en skole for ansete mænds børn. Hans søn *Gissurr* blev præsteviet og studerede i Saksland; som landets anden biskop byggede han en kirke i Skalholt og oprettede et eget bispedømme i nordlandet i *Hólar* i Hjaltedal, hvis første biskop blev Isleifs lærling *Jón*

Ögmundsson (1105—1121). Denne lærde mand opførte en stor kirke i Holar, grundede Þingeyrakloster samt en skole og blev efter sin død kanoniseret. — En ikke gejstlig, men historisk skole oprettedes af *Hallr Arason i Hauka-dalr*, som døde 1090, og hans fostersøn og fortrinligste lærling var *Ari fróði*. Skolen fortsattes af Isleifs søn *Teitr*, og dennes sønnesøn *Gissurr*, der tilsidst boede i Skalholt († 1206), skal være hjemmelsmand for beretningerne i Hungrvaka.

Islands første historiske forfatter var den nys nævnte *Ari Þórgilsson hinn fróði* (født 1067, død 1148). Fra sit syvende indtil sit 21de år var han hos Hallr i Haukadal. Snorre beretter, at han var den første, der skrev *á norrœnu*, det er: den første, der i det gamle modersmål forfattede en større saga om landets bebyggelse og forfatning (*Íslendingabók*). Denne haves ikke, men han uddrog selv den bevarede korte oversigt, der nu kaldes *Íslendingabók*, med tilføjelser og nøjagtigere bestemmelser. — Ares samtidige og ven var *Sæmundr Sigfússon hinn fróði* (omtr. 1055—1133) af anset slægt. Han op-holdt sig længe i udlandet, indtil Jón Ögmundsson bragte ham hjem med sig. På sin gård Odde oprettede han en skole, og hans store ry for lærdom bevir-kede, at der tillagdes ham flere historiske skrifter samt samlingen af den æl-dre Edda (Sæmundar Edda). Hans skole var i den tid videnskabelighedens hovedsæde og fortsattes af hans sønner Eyjulfr og Loptr; derfra udgik mange lærde mænd, såsom biskop Þorlákr Þorhallson den hellige († 1193), der må-ske er forfatter af Flóamannasaga. Sæmunds sønnesøn *Jón Loptsson*, en af de rigeste og lærdeste mænd på Island, fortsatte skolen, og hos ham opdroges *Snorri Sturluson* fra sit tredie år til Jóns død 1197. — *Snorre* var en søn af Sturla Þórðarson i Hvamm, født 1178 af en gammel og fornem slægt. Efter at være uddannet under de heldigste forhold og omgivelser ægtede han, 20 år gammel, den rige præstedatter Herdis. Efter at have erhvervet gården Rey-kholt[6] ægtede han siden den rige enke Hallveig, hvorved han blev en af

---

[6] Derfra haves *Reykjaholts máldagi*, en inventarieliste på pergament, der er affattet omtr. 1224 og måske tildels skrevet med Snorres egen hånd.

landets rigeste og mægtigste mænd; han ejede seksten store hovedgårde og mødte på altinget ledsaget af 800 mænd; Reykholt blev befæstet og der indrettedes det meget omtalte «Snorralaug» (badstue). Snorre var to gange «lovsigemand», men lå i bestandig kiv med frænder og andre om gods og arv, godord o.s.v. Som skald blev han tidlig berømt både hjemme og ude, som sagamand har han vundet udødelig hæder, han var anset som lovkyndig og desuden i besiddelse af mange kundskaber (Latin, matematik). Hans historiske værk, der er det ypperste i hele literaturen, er rimeligvis forfattet før 1232, da vi vide, at hans brodersøn Sturla Sighvatsson tog en afskrift deraf. Snorre var flere gange i Norge og vandt stor anseelse hos kongen og Skule jarl. Måske plejede han råd med disse om at bringe Island under Norge; men det kom ikke til udførelse, hvad enten Snorre ikke kunde eller ikke vilde holde sit givne løfte. Uendelige stridigheder i hjemmet nødte ham til atter at rejse til Norge 1237; men her faldt han i unåde hos kong Hákon, og da han kom tilbage til Island, havde hans uven og svigersøn Gissurr Þorvaldsson tilrevet sig hele magten der. Da kongen af denne fordrede Snorre udleveret eller dræbt, lod Gissurr efter ny familiestridigheder Snorre dræbe i Reykholt, d. 22de september 1241.

Snorres samtidige var *Styrmir Kárason prestr, hinn fróði*, der to gange var lovsigemand og 1235 blev prior i Viðeykloster, hvor han vistnok henlevede sine 10 sidste leveår († 1245). Han angives som forfatter eller som den, der havde del i affattelsen af flere historiske sagaer.

Til overgangstiden fra fristaten til landets underkastelse under Norge levede Snorres to brodersønner *Ólafr Þórðarson hvítaskáld* og *Sturla Þórðarson*. Den første fulgte med Snorre til Norge 1237 og kæmpede 1240 ved Oslo på kong Håkons side, kom derefter til kong Valdemar i Danmark, blev siden to gange lovsigemand på Island og døde 1259. Han digtede flere drápaer, der for største delen ere tabte, og fortsatte Skálda. Den anden oplærtes hos Snorre, blev siden lovsigemand, men da han stillede sig mod kong Håkons planer, måtte han tilsidst forlade Island. Derefter var han i Norge, hvor han som skald og sagamand fandt nåde hos kong Magnus, så at han endog blev udset til at skrive kong Håkons historie efter sønnens anvisning. Han forfattede også kong Magnus's historie, blev 1271 sendt til Island med den ny lovbog *Járnsiða* og blev den første *lögmaðr*. Han er den sidste i rækken af de gamle skalde og sagamænd, men dog stærkt påvirket af kongemagten. Han døde 1284 på Island.

Efter Snorres død nærmede friheden sig sin ende. Gissurr blev efter flere mislykkede forsøg gjort til jarl og bragte landet til at underkaste sig kongen i Norge (omtr. 1262), hvorfra love modtoges. Den fuldstændige underkastelse foregik først 1273. Derved blev samkvemmet mellem landene bestandig større, og virkningen i literaturen udeblev ikke; den sank i kraft og originalitet. Der sendtes embedsmænd fra Norge og 1280 ankom Magnus lagabœtirs ny lovbog *Jonsbók*. Især tiltog gejstlighedens overmod, da Nordmænd bleve bisper. Når hertil kom evindelige stridigheder mellem stormændene, pest, hungersnød, jordskælv og andre ulykker, deraf følgende stærk aftagen i folkemængden (efter 1400) og handelens overgang i fremmedes hænder, var det uundgåeligt, at med agerbrugens og handelens forfald, under bispernes intolerante, næsten kongelige magt også sans og kendskab til historie og digtekunst svækkedes og literaturen hendøde. Der blomstrede kun rímur om helgene og eventyrlige ridderromaner; det gamle gentoges stundom, men forvanskedes og udtværedes og kom således til os i en forkrøblet tilstand. — Som de sidste mærkelige mænd i den islandske oldliteratur må vi nævne: *Haukr Erlandsson*, der var lögmaðr henimod 1300 (døde 1334) og fortsatte *Landnáma*, ligesom han og efterlod sig den bekendte *Hauksbók*, et stort håndskrift af blandet indhold; *Einarr Haflidason* (døde 1393), der skrev den sidste islandske saga Laurentiussaga; *Eysteinn Ásgrimsson* (omtr. 1360), der forfattede det berømte katolske digt Lilja, og *Loptr Guttormsson*, som er forfatter af Háttalykill og døde 1434.

Ved siden af denne skildring af de literære forhold på Island må tilstanden i moderlandet Norge også kortelig berøres. Ligesom der her før Islands bebyggelse ikke havde været noget gunstigt sted for en højere kulturs og literaturs udvikling, således blev tilstanden ikke heldigere i den følgende tid. Kristendommens indførelse medførte mange kampe og uroligheder, og disse afløstes af en lang række borgerkrige. Vel yndede kongerne skaldekunsten og udøvede den undertiden selv, således ligefra Harald hårfager, Olav den hellige, Harald hårdråde og indtil de sildigere; vel medførte kristendommen og forbindelsen med de vestlige og sydlige lande ikke lidet af verdenskulturen; men i det hele udviklede der sig ikke noget stort eller selvstændigt i sammenligning med hvad der frembragtes på Island. Der gaves love (Eiðsiva-, Frostetings- og Guletingslovene), der forfattedes en Hirdskrå (regler for dannelsen af kongens hird), oprettedes gilder og skreves legender, og et smukt, men enestående eksempel på dannelse afgiver Kongespejlet (omtr. 1200); men landets historie blev skrevet på Latin af Þjóðrekr munk (1170—80), der beråber sig på Islændingerne angående den ældre tid. Først efter 1240 kom der nogen ro og orden, og man begyndte da at tænke på at underlægge sig Island, hvor fristaten var gået op i et oligarki under indre stridigheder og magthavernes forbindelse med fremmede. Denne Sturlungernes tid repræsenteres af Snorri Sturluson og Gissurr Þorvaldsson. Efter foreningen af Island med Norge blev dette sidste land også literaturens hovedsæde, ligesom også det ny, der indførtes fra sydlandene, gik gennem Norge til Island. Skønt der ikke blev skrevet noget nyt af betydenhed, vedligeholdtes læsningen af det gamle også i Norge, og Magnus lagabætir lod Sturla Þórðarson skrive kongesagaer, der tilligemed samme konges lovgivningsarbejder bidrog meget til det gamle sprogs bevaring. Men derefter afløstes de gamle digtarter af rimene og sagaerne af eventyr (Didriks saga og lignende romantiske eventyr; Evfemiaviserne o.s.v.). Ligeledes spores virkninger af forbindelser med sydlandene (Spanien, Miklagård, Jerusalem); ridderromaner oversattes og bleve yndet læsning, og i det hele spillede Latinen en rolle her som i de andre katolske lande, der bidrog til at kvæle al national ånd og literatur.

Den oldnordiske literatur

I behandlingen af et folks eller sprogs literatur plejer man altid at bruge inddelingen i poesi og prosa, og denne inddeling kan for så vidt også anvendes her, når der tages tilbørligt hensyn til de ejendommelige forhold. Sættes her nemlig isteden for de to almindelige benævnelser de nordiske navne *skaldskab* og *saga*, da have vi både kort og tydeligt betegnet de to hovedsider af literaturen, vi komme til at behandle; og de svare til de førstnævnte betegnelser således, at begreberne hér ligesom dér undertiden flyde over i hinanden, idet navnlig meget af hvad der er skrevet i ubunden stil, når der ses hen til indholdet og ikke til formen, mere må henregnes til digtningens rige end til den historiske fortælling. Overhovedet gælder det om denne literatur måske mere end om noget andet folks, at den er væsenlig *berettende* og *fortællende*. Den medfødte historiske sans, som udmærkede Nordboerne, bevirkede, at de med troskab bevarede mindet om alle vigtige og betydningsfulde tildragelser, at de med omhu gengave hvad de have set eller hørt, og at de, når de gave sig til at nedskrive, holdt sig til begivenhederne, ikke anstillede betragtninger eller gave deres følelser luft. Længe før skrivekunsten blev almindelig, bestod deres åndelige dannelse og åndelige næring i at høre fortælling, og det ansås for en herlig gave at kunne underholde tilhørerne ved god fortælling. Derfor er også digtekunsten mere fortællende end reflekterende, mere episk end lyrisk, og selv i sådanne digte, der have en anden karakter og anden bestemmelse, kommer ofte det historisk-fortællende moment til. — Af denne forfatterskabets væsenlig gengivende og fortællende karakter kan man også forstå, hvorfor *navnløshed* er et almindeligt kendetegn på denne literaturs værker fremfor de fleste andres, når der tillige tages tilbørligt hensyn til deres oprindelse ved *mundlig og traditionel overlevering*. Længe får skrivekunstens almindelige brug, så snart det åndelige liv begynder at røre sig i et folk, opstå først sange og sagn, der forplante sig fra mund til mund gennem mange slægtled, så at det tilsidst ikke vides, fra hvem de ere udgåede; jo større interessen er for sådanne poetiske frembringelser eller fortællinger om vidunderlige begivenheder eller berømte mænds stordåd, med desto større troskab og fasthed bevares det hørte, understøttet af en frisk og stærk hukommelse. Man véd snart ikke, hvorfra det overleverede er udgået; det bliver efterhånden *folkets* ejendom og der spørges ikke om forfatter eller hjemmelsmand. Dette er tilfældet med Eddasangene og næsten alle sagaerne, medens der næsten altid ved skaldenes viser findes angivet, hvem der «kvad visen», og ved de sildigere mere historiske arbejder ofte vides, hvem der er forfatteren. — Til disse to sider af literaturen, der omfatte den allerstørste og vigtigste del, må føjes *lovene*, der ere udarbejdede med megen omhu og nøjagtighed i det enkelte og hvis ofte gentagne omarbejdelse viser, hvor stor vægt man lagde på faste og gode retsbestemmelser. Hvad der ellers findes af skrifter, der kunne henregnes til *videnskabelighed*, er mere tilfældigt og enkelt stående, og det må betragtes som et tillæg til den egenlige national-literatur, fremkommet navnlig som efterligning af den kristelige, teologiske eller filosofiske klerkedannelse, der især i Norge gjorde sig gældende i den sildigere tid.

Skaldskab

Skaldskab er det gamle nordiske navn på al digtekunst. *Skáld* (intetkøn, besl. m. *skella*, lyde) betegner sangeren, *skáldskap* hans kunst og frembringelser. At digtekunsten i Norden ligesom hos alle folkeslag er ældre end den ubundne fremstilling, bekræftes ved det gamle sagn, at sproget kom til Norden med Aserne og dermed også skaldskab. Guderne vare de første «sangsmede», Odin talte kun på vers (*í hendingum*). Sproget er rigt på poetiske ord og former, velklingende og bøjeligt, har stor frihed i ordstillingen og et stort forråd af omskrivninger. Æmne manglede aldrig i oldtiden: gudelæren er tanke- og billedrig, opfattelsen dyb og følelsen ren, tiden opfyldt af stordåd. At forherlige bedrifter var det skønneste næst efter at udføre dem, og skaldene stode derfor i stor anseelse, især da de ofte tillige vare kæmper og stordådsmænd, høvdinger eller hirdmænd. De omgikkes konger og jarler, som rigeligt belønnede deres sange, og da sproget endnu længe var så ens over hele Norden, at det samme digt forstodes i Danmark, Norge, Sverige, Island, ja endog England, droge de omkring fra hof til hof og høstede lavrbær. Om de end ofte for gunst og gaver smigrede de store herrer, nedlode de sig dog ikke til at forvanske sandheden, og deres sange betragtedes derfor som de sikreste historiske kilder, når de var samtidige med begivenhederne. De islandske skalde besøgte således meget hyppigt Norges konger; de kom tidligt til de oldengelske konger i Nordhumberland o.s.v., til Danmark (under Sven Tjugeskæg, Knud den store og senere). Men også i det daglige liv, som det idelig ses i sagaerne, anvendte skaldene deres kunst og kvad viser ved enhver lejlighed. De forskellige arter af disse digte og sange skulle siden oplyses; her skal kunstens ydre midler og betingelser kortelig omtales.

Overalt har sangen været ledsaget af toner; det musikalske og metriske element er uundværligt for al digtekunst. Alt i Nordens ældste tid omtales harpen, fløjten og anden strengeleg: «harpere, gigere, legere, fidlere»; ofte omtales også dans (ringdans, springdans). Dog blev kvadene vistnok i reglen kun sungne eller foredragne efter visse kunstens regler. I sangen findes derfor altid takt, som bestemmer fodmålet, medens rimet bestemmer verset, efter takternes antal. Stavelserne måles som lange eller korte, men dette er egenlig ikke andet end forskellen mellem betonede og ubetonede, og tonen hviler altid på ordets første stavelse. Flere korte stavelser kunne regnes lige med én lang, og ubetonede selvlydsendeiser sluges af en følgende selvlyd. — En *vísa* (strofe), der som del af et større digt også kaldes *eyrindi*, udgør almindelig 8 linjer, delt i 2 *vísuhelmingar* eller 4 *visufjórðungar*. Den enkelte verslinje hedder *orð* (*vísuorð*). Hver halvdel af strofen danner en metrisk helhed for sig og må derfor også indeholde en afsluttet mening eller sætning. I de ældste digte findes ofte en optakt (*málfylling*) af én eller flere stavelser, der stå i begyndelsen af linjen og må slutte sig til det følgende hovedord. — I alle oldnordiske vers er rimet en uundværlig betingelse, men det er *bogstavrim* (alliteration), en så indgroet vedtægt, at det endog ofte findes i ubunden tale (i love, korte tankesprog og ordsprog) og er bevaret selv i gammeldansk (som i P. Låles ordsprog). Det består i at 3 ord i to på hinanden følgende linjer skal begynde med samme bogstav (rimstave, *hljóðstafir*), således at de to findes i den første, det tredje i begyndelsen af den anden linje. Det sidste kaldes *höfuðstafr*, de to første bistave (*stuðlar*). Rimstavene skal findes i betonede stavelser, altså i ords begyndelse, og intet andet betonet hovedord må begynde med samme bogstav; hovedstavene står gerne i begyndelsen af linjen, bistavene ere adskilte fira hinanden, og det er en undtagelse, når der kun er 1 bistav. Som gyldige rimstave bruges *samme medlyd*, men af selvlydene anses anvendelsen af forskellige for smukkere; j og v regnes ikke foran en selvlyd[7].

Den simpleste versart (*ljóðaháttr*) er *fornyrðalag* med to fødder i hvert vers og bogstavrim (2 eller fuldstændigere 3). I de ældste vers er hyppig målfyldning, hvorved formen mere nærmer sig til daglig tale. Hertil hører *Starkaðarlag* (efter Starkad den gamle) med 8 linjer, hver på 2 todelte takter, og det særlig såkaldte *ljóðaháttr* på 6 linjer. Det første er friest, idet flere korte, tonløse stavelser kunne komme ind istedenfor en eller flere af de fire betonede. Smukt findes hveranden linje afkortet med en stavelse (mandlig), medens hveranden er kvindelig, som i Hákonarmál. Det andet (6-linjet ljóðaháttr) er vel egenlig opstået ved udeladelsen af en versfod i slutningen af hver halvdel af fornyrðalag; derfor har af de 6 linjer den 3dje og 6te hver 3 fødder og egne rimstave (2 eller 3). De i den ældre Edda oftere forekommende blandede former af 6- og 8-linjede fornyrðalag bero uden tvivl på forvanskninger og skrive sig ikke fra forfatterne selv. I episke digte findes dette versemål også uden regelret strofeinddeling, med afdelinger blot efter meningen. — Som en tredje art af fornyrðalag kan måske betragtes málaháttr med 8 linjer, hver på 2 tredelte takter, hvilket findes på runestene og f. eks. Helgakv. Hund. 1.

De længere vers — med 3, 4 eller flere fødder — have ligeledes alle bogstavrim. Medens *toglag* eller *togmælt* kun har 2 fødder i hver linje, uden målfyldning eller sjældnere med sådant, men er forsynet med linjerim på forskellig måde — halvrim eller helrim, mandligt eller kvindeligt —, har *dróttkvæði* 3 fødder i hver af dets 8 linjer, med eller uden linjerim, og *hrynhenda* (*hrynjandi*) 4 fødder. Dette sidste hedder også *liljalag*, fordi det berømte digt Lilja har denne form. — Alle disse vers kaldes *rúnhenda*, når de have enderim (af forskellig art). Hyppig findes et indskud (*stál* ɔ: stål) som et middel

---

[7] *Stavelserim* (*hending*) er enten tostavelset (kvindeligt) eller énstavelset (mandligt). *Linjerim* er enten hélrim (*aðalhending*) eller halvrim (*skothending*), efter bestemte regler og særeget for Islandsk. Enderim findes kun i linjer, der følge lige på hinanden.

til at frembringe rimstave; ligeledes omkvæd (*niðrlag* eller *viðrkvæði*) af en eller flere linjer, som gentages i begyndelsen eller slutningen af verset, og *bönd* ɔ: vers som kun i sammenhæng danne en mening, men i en altid tilbagevendende orden indsættes i de andre strofer. — Historiske digte (prisdigte) inddeles i de kortere (*flokkr*) og de længere og kunstigere (*drápa*), hvilke sidste bestod af flere dele, adskilte ved stev (*stef*), som bestå af 2 eller 4 linjer, der indskydes efter flere sammenhængende strofer, men stundom adskilles. Sådanne digte er Egils Höfuðlausn og Einarr Skúlasons Geisli[8].

Efter indholdet er den gamle nordiske poesi *episk* eller *lyrisk*, dog altid med den særegne karakter, som ovenfor er påpeget. I. De fortællende digte ere 1) enten mytiske, 2) heroiske eller 3) historiske, med overgange fra det ene til det andet. De første handle om guderne, den anden art om kæmperne og heltene fra sagntiden, den tredje art om konger eller historiske personer og begivenheder. Men som overgangsled fra i til 2 står digte som *Hyndluljóð*, der fører menneskeslægten tilbage til guderne, ligesom guderne endnu stå i forbindelse med heltene; og som overgangsled fra 2 til 3 kan nævnes *Starkads dødssang, Bjarkemål, sangen om Bråvoldslaget.* Til den tredje klasse hører forherligelse af slægter (genealogiske digte), (som *Ynglingatal*) eller sange til en konges eller høvdings pris (*flokkr* og *drápa*, som *Hákonarmál, Ólafsdrápa, Arinbjarnardrápa*) eller til ære for en afdød fyrste (*erfidrápa*, undertiden i kristelig ånd, som *Geisli* om Olav den hellige), om en berømmelig kamp (*Nesjavísur*) eller om skalden selv (*Bersöglisvísur*). II. De lyriske digte ere enten bønner til guderne, besværgelser (*galdr*), ofte forbundet med *níð* og *seiðr*, elskovsdigte (*mansöngs vísur* eller *drápa*, som Kormaks viser),

---

[8] Udførlige og nøjagtige, i det enkelte gående regler om hele versekunsten findes i *Háttatal*, en afdeling af Snorra Edda, ligesom sammes *Skáldskaparmál* oplyser de digteriske *kenningar* (omskrivninger).

klagesange (som Egils *Sonartorrek*), moralsk-didaktiske, ofte med episk el-
ler dialogisk form (*Hávamál, Vafþrúðnismál*), også gåder (som *getspeki
Heiðreks konungs* i Hervararsaga). Disse ere spredte omkring i mange sagaer
og andre skrifter, sjælden særligt overleverede. — Her skal denne Side af
literaturen behandles i to afsnit: 1) Edda, både den ældre og den yngre, og
2) Skaldene, ved hvilke ingen passende inddeling lader sig gennemføre.

Den ældre Edda

Navnet *Edda*, der egenlig betyder «oldemoder, original kunst, ypperlig poesi», vides først omtr. 1300 brugt om den yngre Edda, men overførtes også på den anden samling (efter et ældre sagn) af biskop Brynjúlfr Sveinsson, som 1643 fandt den skindbog, der fra Island hidsendtes til kong Frederik den 3dje (codex regius), og først benævnte den Edda Sæmundi multiscii (ɔ: hins fróða). Dette håndskrift er ikke yngre end begyndelsen af 14de århundrede og indeholder på 46 blade den samling af oldkvad, som nu går under navnet «den ældre eller poetiske eller Sæmunds Edda», i modsætning til «den yngre eller prosaiske eller Snorra Edda», og som for en stor del indeholder vore kosteligste lævninger af oldtidens poesi, kilden til vort kendskab til vore forfædres tro og gudelære[9], samt de ældste heroiske digte. At Sæmund ikke er forfatter af disse ærværdige sange, er bestemt godtgjort, ligesom han heller ikke har oversat, bearbejdet eller samlet dem. De ere fra begyndelsen meget ældre, af forskellige forfattere, fra forskellige tider og steder; men det har bestandig været et omtvistet spørgsmål, som endnu ikke er afgjort, hvor gamle de ere, og hvorfra de skrive sig. Medens nogle ville gøre dem til *islandske* eller *norske* og antage, at de, om end til forskellige tider, både før og efter kristendommens indførelse, ere blevne til i Norge og derfra førte over til Island, hvor de da i tidernes løb ere bevarede først ved mundlig overlevering og derefter nedskrevne, mene

---

[9] Foruden de omtr. 30 digte, som denne skindbog indeholder, har man fra Snorra Edda og andre gamle håndskrifter optaget nogle flere sange, der utvivlsomt høre derhen, nemlig Baldrs draumar eller Vegtamskvida, Grottesangen o. s. v.

andre, at de ere så gamle, at de tilhøre den fælles nordiske oldtid og ere opstå-
ede i *Danmark* eller *Sydskandinavien*, og finde en bestyrkelse for denne me-
ning i de ikke få tilknytningspunkter til tyske oldsagn; endelig ville andre gøre
dem til oprindelig *germaniske*, så at de fra Tyskland skulde være komne til
Norden og der omdannede og fremstillede i det sprog og den form, hvori de
nu haves. Så meget kan dog antages for temmelig sikkert, at ligesom gudelæ-
ren og hele sagnkredsen fra begyndelsen var fælles for de gotiske folk, således
ere Eddadigtene i deres oprindelighed fælles germanisk-nordisk ejendom;
men da de kun ere bevarede i den nordiske dragt og i vort oldsprog, må de
også i denne skikkelse være blevne til i Norden og være et udtryk for de skan-
dinaviske folks tro, lære og poesi.

På grund af deres særlige betydning må disse oldkvad omtales noget udfør-
ligere. De kunne inddeles i to dele: gudekvadene og heltekvadene (teologisk
og heroisk epos), idet vi ikke holde os til den orden, hvori de findes i skind-
bogen og udgaverne, da den er tilfældig.

I. Gudekvadene

A. Om Odin

1. Vafþrúðnismál. Odin fremstilles forklædt i ordkamp med jætten Va-
vtrudne om visdom, der består i at gætte gåder henhørende til forskellige
punkter af gudernes liv og væsen. På det sidste spørgsmål erkender jætten,
at han har med Odin at gøre, og i bevidstheden om sin afmagt erklærer han,
at han er dødsens.

2. Grímnismál er også en billedlig fremstilling af Odins guddomsmagt, idet
han i skikkelse af Grimne prøver mennesket, sin fostersøn Geirrød, der viser
sig for ham i sin uværdighed: «medens ingen hund anfalder den fremmede»,

sætter fostersønnen ham mellem to ildbål. Sangen forherliger Asernes magt, ynker den forvorpne fostersøn, men forkynder ham tillige døden, idet guden åbenbarer sig.

3. Vegtamskviða eða Baldrs draumar. Under navnet Vegtam (ɔ: den vejvante) drager Odin til Nivlhel (Niflheim, Helheim) for at vække den døde vølve, der skal sige ham Balders skæbne. Efter nogen nølen varsler hun dennes drab ved Hød og hvorledes dette skal hævnes. Digtet, der er i samtaleform, ligesom så mange af Edda-kvadene, hører til de skønneste.

4. Fjölsvinnsmál er derimod af dunkel betydning. Bruden Menglød sidder på højen omgiven af sine brudemøer og venter brudgommen Svipdag. Han tøver længe, og da han endelig kommer og åbenbarer sig for hendes bevogter Fjölsvin, modtages han som den udkårne. Største delen af digtet er en samtale mellem Svipdag og Fjölsvin, men dets forståelse er vanskelig. Fjölsvin antages for at være Odin, den præst der skal vie de elskende. Måske er det hele en kærlighedssang af dem, der vistnok bleve sungne ved bryllupper; andre antage det for en allegori: Odin, naturens herre, formæler lyset (dagen) med den livsalige jord, der står i hele sin brudepragt,

B. Om Tor

Om Tor handle følgende 4 sange:

1. Alvíssmál. Det er en ordstrid mellem guden og dværgen Alvís, der bejler til hans datter. Denne må han kun få, hvis han kan besvare en række spørgsmål om, hvad himmel og jord, sol og måne hedder blandt guder og mennesker, vaner og jætter o. s. v. Svarene indeholder de digteriske omskrivninger og benævnelser, der udførligere haves i det yngre Skáldskaparmál i Sn. Edda. Men tilsidst overrumples dværgen, der har udfoldet stor visdom, af det for ham ødelæggende dagslys.

2. Þrymskviða eða Hamarsheimt (hammerhentningen) skildrer, hvorledes Tor, da jætten Trym har stjålet hans hammer, får Loke til at låne Freyjas fjederham for at flyve til Jotunheim, hvor Trym ikke vil udlevere den, undtagen han får Freyja til brud. Efter Heimdals råd udklædes da Tor som brud, jætten bedåres og dræbes. Dette kvad, der viser Tors guddomsmagt, er gengivet forvansket i kæmpevisen om Tord af Havsgård (ɔ: Asgård), jomfru Fridleifsborg og Tossegreven.

3. Hýmiskviða handler om Hyme, herskeren over det fjærne, mørke ishav, hos hvem Tor og Ty hente en kedel, hvori der skal brygges mjød til gudernes gilde hos Øge. Tor fisker med jætten og drager midgårdsormen op, dernæst forherliges hans kraft ved de følgende styrkeprøver; men digtets slutning er dunkel. Samme æmne blev besunget af Úlfr Uggason i hans digt *Húsdrápa* (om billederne i Ólafr Pá's hus).

4. Hárbarðsljóð indeholder foruden dunkle antydninger, der synes at pege på nu tabte myter, en skemtende og spottende fremstilling af de højeste guder (parodi). Slige spøgefulde satirer over gudernes afmagt i al deres vælde træffes oftere, f. eks. i Tors færd til Udgårds-Loke, og hensigten er vel ikke at nedsætte guderne og svække troen på dem, men snarere er det et udbrud af overgivent lune. Odin er nedsunket til at blive færgemanden Hårbard, men Tor fremtræder i sin egen person; begge ere i en bedrøvelig tilstand og i forfærdelig slet humør, medens de dog trøste sig ved deres udførte bedrifter, idet Odin bestandig driller Tor. Ejendommelig for dette kvad er også en aldeles enestående frihed og uregelmæssighed i versemål og bogstavrim.

C. Om Vanerne (Frey)

1. Skírnismál beskriver, hvorledes Freys skosvend Skirne på hans vegne drager til Jötunheim for at skaffe ham jætten Gymes datter Gerd, som efter lang modstand lover at møde Frey i lunden Barre, da hans lidenskab ikke lader ham have ro nat eller dag. Det er ved en tryllesang, at møen vindes, idet hun skræmmes af de frygteligste trusler.

2. Œgisdrekka eða Lokasenna (Lokes trætte). Da Øge havde fået Hymes store kedel, beredte han et stort gæstebud for guderne, men Loke ypper kiv og forhåner guderne den ene efter den anden, tilsidst Siv, da Tor kommer til og truer med at ville knuse hvert ben i hans krop. Af frygt derfor forlader Loke hallen med det ønske, at Aserne aldrig mer må komme til gilde her, og med trusler mod værten. Loke danner modsætningen til de andre guder som det onde til det gode. Derved at han spotter guderne, ses disse fra deres skyggeside; men Lokes påfølgende straf viser, at løgnen og ondskaben ikke kan sejre.

D. Om Gudernes udvikling

Om Gudernes udvikling (fødsel og undergang) — teogonisk og teoktonisjt poesi — skildres foruden i Vegtamskvida og Œgisdrekka navnlig i følgende to kvad:

1. Hrafnagaldr Óðins, der er en morgenhymne, hører måske ikke egenlig med til Eddakvadene, ligesom det heller ikke findes i codex regius, men kun i papirshåndskrifter; hvorfor nogle anser det for yngre, en efterligning af en sildigere skald, måske dannende en indledning til Baldrs draumar, og udskyde det af Edda. Indholdet er dette: alle væsners virksomhed afbrydes af natten; guderne føle angst og uro, hvorfor Heimdal, Brage og Lopt (Loke) udsendes for at spejde. Morgenen oprinder og solen står op, men Idun føler sig beklemt, Nanna fryser og sørger og «magterne» øve galdr.

2. Völuspá er vel det ældste, ærværdigste og vigtigste af alle kvadene, der i samlingen stilles i spidsen, men sammenhængen er forstyrret og mange dele ere lemlæstede. Med højtidelig alvor åbenbarer vølven eller valaen (spå-kvinden) sin visdom, med seerblik overskuende fortid, nutid og fremtid, om-fattende guderne og hele verden fra dens ophav til dens undergang. Kvadet er hovedkilden til de gamles forestillinger om skabelsen, menneskets tilbli-velse, guders, jætters og dværges liv, om fordærvelsen og undergangen og den endelige genfødelse — alt i høj og dunkel tale, mørke anelser, profetiske vink. Uagtet sin dunkelhed er der noget gribende og begejstrende ved digtet, og det rige indhold har allerede i oldtiden været betragtet som et slags sy-stematisk uddrag af hele gudelæren og troen.

E. Om Menneskelivet

Om Menneskelivet — didaktisk poesi. — gøres til genstand for følgende to kvad:

1. Hávamál (den højes sang, højsangen) er en samling af klogskabsregler og korte tankesprog, uden indre sammenhæng, ikke den poetiske følelses, men den koldt beregnende forstands værk. Det afgiver et tro billede af de gamle Nordboers begreber om ret, klogskab og sømmelighed efter deres moral. Dette mytisk-etiske kvad består af tre dele: det egenlige *Hávamál*, *Loðfafnis-mál* (hvor en Lodfavne tiltales af sin lærer, idet han får formaninger om ven-skab, kærlighed o. s. v.) og *Rúnatalsþáttr Óðins* (Odins runetale), som efter en mystisk indledning giver 18 tryllevers, som det er nyttigt at kende; ligesom digtets første hoveddel slutter med beretning om Suttungsmjøden og Odins besøg hos Gunlød, hvilket udførligere fremstilles i Bragarœður i Sn. Edda.

2. Sólarljóð er et mytisk-kristeligt digt, efter en gammel beretning forfattet af Sæmund frode. Med en besynderlig blanding af hedenskab og kristendom sættes læseren over i den anden verden, idet forfatteren som død synger kvadet for sin søn. Efter nogle advarsler anstilles betragtninger over liv og død. Navnet skriver sig fra den døendes skønne afskedshilsen til solen.

Denne verden kaldes *dvalaheimr* (dvælehjem), den anden verden skildres som *kvölheimr* (kvalhjem), en skærsild, som sjælene må gennemgå som «forbrændte fugle», medens himmerig ikke afmales så udførligt som helvede. Digtet slutter med nogle dunkle antydninger samt opfordring fra faderen til sønnen om at kvæde «sóarljóðs sögu» for de levende, af hvilke ingen endnu har hørt den. Forfatteren står ligesom på skillevejen mellem den gamle og ny tro, som han af hjærtet er hengiven uden dog at kunne løsrive sig fra de gamle forestillinger.

3. Gróugaldr er en samtale mellem en afdød moder Gróa og hendes søn, hvem hun giver råd på en rejse, ɔ: rejsen gennem livet, og lærer galdre (tryllesange), som skal beskytte ham mod farer. Dette simple og ældgamle lille kvad er ægte hedensk. I den nyeste tid har man søgt at godtgøre, at det står i forbindelse med Fjölsvinnsmál som en indledning dertil.

F. Om Menneskeslægtens udvikling

Om Menneskeslægtens udvikling — genealogisk poesi — behandles i disse to digte:

1. Rígsþula, som almindelig men mindre rigtigt kaldes *Rígsmál*, danner overgangen fra gude- til heltekvadene og handler om stændernes oprindelse. Rigr ɔ: Heimdal finder i hytten oldefader (*ái*) og oldemoder (*edda*), hvis afkom er *þræll*, trælleslægten, i huset bedstefader (*afi*) og bedstemoder (*amma*), som føder karl, bondeslægten; i salen træffer han fader og moder, hvis søn *jarl* ægter en datter af *hersen*; den yngste af deres sønner er *konr ungr* eller *konungr*. Fremstillingen er udførlig udmalet og tankegangen et forsøg på at forklare den borgerlige tilstands udvikling i Nordens hedenold.

2. Hyndluljóð har navn af jættekvinden Hyndla, der af Freyja føres til Valhal og giver oplysning «om kongernes ætter og de mænds, som stamme fra guderne».

Hyndla opregner først Ottar Innsteins søns æt, derefter Skjoldunger, Vølsunger, Gjukunger, endelig Aserne. Kvadets bestemmelse er vel at herømme høvdingen Ottar, der efter sagaerne er en historisk person fra 8de århundrede (Harald Hildetands tid); dette kvad kan da henføres til en bestemt tid og et bestemt sted.

II. Heltekvadene

A. Völundarkviða

Völundarkviða. Völund, Alvernes konge (*vísi álfa*) er den kunstrige smed. Tre valkyijer, jordiske kongedøtre, flyve i svanehamme gennem den mørke skov og virke skæbnen (*örlög drýgja*); hvilende ved en søkyst spinde de kosteligt lin (slynge skæbnens væv). Svanehammen aflægges, og da finder Völund og hans brødre dem. Hver ægter sin, og i syv år leve de lykkeligt; da vågner kvindernes lyst til det gamle liv, i det ottende år vokser længslen og i det niende sprænges båndet; de drage bort for at gæste kampen igen (*vitja víga* og *örlög at drýgja*). De to brødre drage ud for at opsøge deres tabte lykke, men Völund bliver tilbage for at smedde herlige smykker. Da overfalder kong Nidud ham og fængsler ham på en ø, hvor han til hævn dræber kongens søn og skænder hans datter Bødvild. Fortællingen findes også i Didrik af Berns saga[10].

B. Helgesangene

1. Helgakviða Hjörvarðssonar om Helge og Svava. Valkyrjen Svava rider gennem luften og havet og følger sin helt fra fødslen til døden, hun giver ham mæle — ti før var han stum — og navn, og i navnefæste et sværd, og da livets

---

[10] Völund er den nordiske Dædalos; *Völundarhús* ɔ: en labyrint.

dåd kalder ham, vogter hun ham i kamp og farer. Da Hrimgerd havde anfaldet hans flåde, stiger hun som en havgylden mø op af havet og beskytter hans mænd og skibe. Helge bejler til hende, og deres kærlighed er inderlig; hun sidder hjemme hos faderen, medens han drager i kamp. Han falder i det fjærne, men sender døende Sigar (sin sejrstanke) efter hende, og straks er hun hos ham i døden.

2. Helgakvida Hundingsbana I og II. Helge og Svava genfødes som Helge Hundingsbane og Sigrun, der ligeledes rider gennem luft og hav. Nornerne indfandt sig ved hans fødsel. Hendes fader har fæstet hende til en konge, men hun drager ud for at søge Helge; hun bliver hans hustru og svæver som beskyttende valkyrje over ham i kampens farer. Efter hans død sidder hun i hans gravhøj og venter ham; og da hans genfærd kommer, reder hun ham et leje, og han bliver atter levende i hendes arme. Men da han ophører at komme til hende, dør hun af sorg. (Genfødelsen fortsættes: Helgi og Sigrun blive Helgi Hadingjaskat; og Kára, men det kvad, som handlede om dem, *Káruljóð* er tabt)[11].

C. Völsunger og Nivlunger

Dette omfattende sagn behandles dels i vore nordiske kilder, nemlig den ældre Edda, den yngre Edda (hvor talen er om guldets kenningar), i Völsungesaga (overensstemmende med den nordiske fremstilling), i Nornagestssaga, i Didrikssaga (efter tysk sagn, med navnene Sigurd og Gudrun beholdte), — dels i de tyske sagn Nibelunge nôt, endelig i det færøiske Sjurðarkvæði (der viser tysk påvirkning) og i kæmpeviserne. — Völsungs søn er Sigmund, dennes søn med Hjördis er Sigurd Favnesbane, Tyskernes Sigfrit. Forbindelsen

---

[11] Som et 3dje hertil hørende kvad må nævnes *Sinfjötlalok*, hvoraf dog kun findes et lille prosaisk udtog i Edda, hvori fortælles, hvorledes kong Sigmunds søn Sinfjötle forgives af stifmoderen Borghild.

med Helgesangene viser sig deri, at den anden Helge er Sigurds ældre broder.

1. De indledende kvad: Sigurdarkvida Fafnisbana I (i form af **Grípisspá**), **II** (mytologisk indledning), **III Fafnismál** (om slangen Favnes drab). Det første kvad giver som en spådom af Sigurds morbroder Gripe en udsigt over begivenhederne, det andet beretter om guldet, der afpresses dværgen Andvare for at guderne kan løse deres liv dermed, og forbandelsen, der lægges derpå. Favne lægger sig over guldet som en slange, men dræbes af Sigurd i det tredje kvad; ved at smage på slangens hjærteblod kommer han til at forstå fuglenes sprog. (I det tyske digt er den mytologiske indledning forsvundet; det henfører begivenhederne til den kristne tid, men lindormen (lyngormen), som Sigfrit dræber, er Favne. — Af Grípisspá findes lævning i kæmpevisen om Sivard Snarensvend, der gæster sin morbroder, som i den norske bearbejdelse hedder Greivekongen ɔ: Grípir konungr.

2. Kvadene om Sigurd og Brynhild, — Sigurds død: omhandles i **Sigrdrífumál, Sigurðarkviða III**, [brot af] **Brynhildarkviða, Helreið Brynhildar, Guðrúnarkvida I.** Sigrdriva er en valkyrje, som er opsætsig mod Odin og derfor stikkes af ham med en søvntorn. Nogle antage hende for den samme som Brynhild. Sigurd ægter Gudrun, en datter af Gjuke og Grimhild, hvis sønner ere Gunnar, Högne og Guttorm. Gunnar ægter Brynhild, idet Sigurd red for ham gennem lueborgen (*vafrlogi*, kæmpevisens *Glasbjærg*). Brynhild og Gudrun komme i strid; Sigurd dræbes af Guttorm, og Brynhild gennemborer sig selv. (I *Helreið Br.* tiltales Brynhild af en gyge ɔ: hendes onde samvittighed). Gudrun forstummer af smerte og hensmelter først i tårer, da liget vises hende. (I de tyske digte er Sigurðr blevet Sigfrit, Gunnarr Günther, Högni Hagene, Brynhildr Primhilt, Gudrún Crimhilt ved en forvexling med moderen; men dér forsvinder Primhilt uden nogen oplysning. Kæmpevisen 3 Sivard og Brynhild har en fremstilling, der hværken stemmer med den sædvanlige nordiske eller den tyske).

3. Atle og Gudruns brødre: herom handle følgende tre kvad:

3a. Guðrúnarkviða II. Gudrun beklager sin skæbne (efter overskriften) for Tjodrek. (Men Guðrúnarkviða III synes uægte; Tjodrek nævnes der, ligeledes forekommer en renselse ved gudsdom fra en beskyldning).

3b. Oddrúnargrátr: Atles søster Oddrun klager over ikke at have fået Gunnar tilægte.

3c. Atlakviða og **3d Atlamál** (*hin grænlenzsku*) have samme indhold, det sidste dobbelt så vidtløftigt som det første: Gudrun ægter Atle; han dræber hendes brødre og hun hævner sig ved at myrde deres fælles børn. Hovedforskellen fra det tyske digt er den, at der Crimhilt lader sine brødre omkomme. Sakse omtaler allerede det tyske sagn i anledning af Knud Lavards mord 1131: conjuratorum qvidam genere Saxo speciosissimi carminis contextu notissimam Grimildæ erga fratres perfidiam de industria memorare exorsus. Kæmpevisen 4 har den nordiske fremstilling: frændehævn, men navnene ere ganske ukendelige. Kæmpevisen 5 har den tyske fremstilling: Grimhilds (i håndskr. Kremolds) hævn. I Tyskland er Didrikssagnet knyttet hertil; Didrik omtales også i vore viser.

4. Jörmunrekr. Denne sagnkreds omhandles i to kvad:

4a. Guðrúnarhvöt og **4b Hamdismál.** Gudrun gifter sig atter; hendes datter med Sigurd, Svanhild ægter Jörmunrek, som på en falsk beskyldning lader hende træde ihjel af heste. Gudrun ophidser (*hvöt* af *hvetja*) sine sønner til at hævne deres søster. Sörle og Hamde dræber på vejen broderen Erp, men selv falde de i Jörmunreks gård. Hos Sakse fortælles om Jarmerik og Svavilda (der bör læses Svanilda) og om de «hellespontiske» brødre, der understøttedes af en troldkvinde Godruna, idet det ikke er forfatteren bekendt, at det er moderen. Lignende beretning findes hos Jornandes om Goterkongen Ermanarik († 375). Der gives mange urimelige forsøg på at forklare sagnene og bringe dem ind under historien. Det ligger nær at tænke på Attila ved Atle og Ermanarik ved Jörmunrek, men tidsfølgen passer ikke, og grænsen mellem myte og historie kan her ikke drages. Men hele denne episke sagnkreds er et stort og mægtigt billede af de ældste gotiske folks store bevægelser og kræfter, liv og tro. Der skildres de hæftigste lidenskaber: skinsyge, hævnlyst, gærrighed. Virkelige begivenheder kan ligge til grund, men de ere udmalede og udsmykkede med fantasiens og poesiens dristigste farver. Gudrun genfødes tre gange ligesom de tre Helger og Starkad, der levede tre menneskealdere. Der er heller ikke nogen énhed og helhed, men det ene er løst føjet til det andet. Kvadene betegne den heroiske tids ophav, og sangene skrive sig vistnok fra folkevandringens tid, men ere uden sikker historisk grund. Traditionen vandrede om og modtog tillæg eller forandringer. Begivenhedernes sted er åbenbart Norden og Nordtyskland, men sangene ere blevne til dels i Norden, dels i Tyskland. Den bevarede særlige tyske sagnkreds har hverken begyndelse eller ende fælles med den nordiske; den begynder med «das lied vom hürnin (ɔ: hörnernen, den hornede) Sigfrid», der ved Rhinen kæmper med dragen og er hovedhelten i Nibelunge nôt. Dette digts to hoveddele handle om Sigfrit og Burgunderne, og om Burgunderne og Hunnerne, hvis konge Etzel (Atli, Attila) ægter Crimhilt. Navnene genkendes tildels, men det hele er ganske anderledes: istedenfor mytiske og hedenske personer er det tyske kristne og romantiske riddere, istedenfor den nordiske fyndige og ophøjede stil er her alt udtværet og overdrevet; istedenfor det virkelig heroisktragiske er her sentimentalitet og legendestil.

Hermed slutter den ældre Edda, idet det dog kan være tvivlsomt, om et og andet digt, der ikke er optaget i samlingen, sådan som den findes i hovedhåndskriftet eller de andre håndskrifter, ikke har adkomst til at henregnes til de virkelige Eddakvad, ligesom enkelte af de omtalte, der findes i samlingen, måske bør udskydes deraf. Vi skal her omtale heltedigte, som ikke findes i den ældre Edda.

Heltedigte udenfor Edda

1. Grottesangen (*grottasöngr*), der findes i Snorres Edda. To Finnekvinder, Fenja og Menja male guld for kong Frode på kværnen Grotte; men da han fordrer for meget arbejde af dem og ingen hvile tilsteder dem, kvad de denne sang, hvorved de malede krig for ham, og natten efter kom en søkonge, som dræbte Frode og førte meget bytte bort, deriblandt trælkvinderne, der skulde male salt for deres ny herre. De malede så længe, indtil hans skib sank, og der dannedes en malstrøm i havet der, hvor kværnøjet sank. — Sagnet berettes dog forskelligt i de forskellige kilder, men knyttes til forestillingen om «Frodefreden», en gylden tidsalder, der skues tilbage til med længsel.

2. Kvadene i Hervararsaga, der sikkert henhøre til et større mytologisk-historisk digt om Hjalmar og Ingeborg, kampen med Arngrimssønnerne, Örvarodd og Anganty, Tyrving o. s. v. I samme fortælling findes også den store samling af gåder, der fremsættes i samtalen mellem Gestr hinn blindi og kong Heiðrekr, Hervörs søn.

3. Bjarkamál hin fornu, der af Sakse kaldes exhortationum series (= *huskarlahvöt* i Snorra Edda), haves fuldstændig kun på Latin hos Sakse, hvor rimbogstaverne komme frem ved oversættelse; men der findes også brudstykker deraf på Oldnordisk. Det er den sang, hvormed Bødvar Bjarke, Rolv Krakes tapreste kæmpe vækker kongen og hans mænd til den sidste kamp mod Hjörvard; og de bevarede strofer anføres som sungne af Þormoðr Kolbrúnarskáld i slaget ved Stiklestad.

4. Krákumál eller **Loðbrókarkviða** er også et mærkeligt kvad fra hedenskabens tid, om det end ikke er af Ragnar lodbrog selv, som siges at have digtet det i ormegården, eller af Brage eller hans dronning Kråka. Det indeholder en opregning af kongens bedrifter i 29 strofer i den ældre slags *dróttkvæði* på 10 linjer, hvoraf den første er et omkvæd (*hjuggu vér með hjörvi*), og ender med den døendes glæde ved tanken om hævn. — Fra disse kvad, der ere de mærkeligste af de enkeltstående, hvis forfattere ere ubekendte, gå vi over til at omtale de navngivne.

Skalde

Skalde, navnlig sådanne, af hvem der haves bevarede digte. Deres tal er meget stort lige fra den ældste tid til langt ned i middelalderen, først i Norge, siden fornemmelig blandt Islændingerne. Årsagen til, at man kender forfatterne til disse enkelte sange i modsætning til de større Edda-sanges navnløshed, er den, at de altid blev til ved en bestemt anledning, digtede af en skald, hvis navn da fulgte med også ved den senere nedskrivning. Der haves en liste på flere hundrede skalde ordnede tildels efter tidsfølgen, *skáldatal* i det upsalensiske håndskrift af Snorra Edda, hvilken liste må være fra omtr. 1300.

Som de ældste skalde[12] i Norge nævnes *Starkaðr hinn gamli* og *Bragi gamli*, idet den sidste dog måske ikke er en virkelig person, men kun en personifikation af, digteguden Brage. Ham tillægges f. eks. det berømte vers om Gevjon og Gylve, der findes i begyndelsen af Snorres Ynglingasaga og Gylfaginning.

Harald hårfagers bekendteste skalde vare *Þjóðólfr hinn fróði or Hvini* (herredet Hvin) eller *hinn hvinverski* og *Þorbjörn hornklofi* (hornkløveren). Den første er den, som oftest citeres, og af hvem mange kvad haves. Han stod i

---

[12] Ti vi kan ikke betragte rent mytiske personer som historiske, f. eks. *Hjarne*, der efter Sakses beretning blev gjort til konge, fordi han havde forfattet en skøn mindesang om kong Frode.

stor anseelse hos kong Harald og levede til omtr. 900. Hans vigtigste digt var *Ynglingatal*, som er den egenlige grundvold for Snorres Ynglingasaga og vel omtrent helt bevaret deri. Et andet berømt drapa i dróttkvædi af ham er *Haustlöng*, hvoraf to store stykker findes i Skálda, beskrivende Tors kamp med Rungne og Iduns bortførelse af Tjasse samt dennes drab, med kunstige omskrivninger, som gör det dunkelt og vanskeligt. — *Hornklofi*, som den anden skald almindelig benævnes, digtede navnlig to større skaldeværker til Haralds pris, hvoraf haves stykker, især af det andet (i Fagrskinna), hvor skalden beretter en samtale mellem en valkyrje og nogle ravne, der berømmer kongens tapperhed, gavmildhed og endelig beskriver slaget i Hafrsfjord (872). Hans stil er lettere end Þjóðólfs; både i form og indhold viser sig hans høje begavelse.

Hos Håkon Adelstensfostre, der ligesom Erik blodøkse i høj grad yndede digtekunsten (den sidstes dronning Gunhild lod digte et erfikvæði over ham, *Eiríksmál*, hvoraf haves et stort stykke i Fagrskinna, om hvorledes Odin modtager kongen i Valhal), stod *Eyvindr skáldaspillir* (skaldenes spilder ɔ: fordunkler) i største anseelse. Han var af kongeæt og hans berømteste værk er *Hákonarmál* om kongens fald, der findes i Snorres Heimskringla, Hákonarsaga goða. Odin udsender to valkyrjer, som finder kongen på Stord i færd med kampen. Da han falder, sender Odin Hermod og Brage ham imøde og lyser Einherjernes fred over ham. Dette herlige erfikvæði er helt bevaret. Efter mange genvordigheder kom Eyvindr atter i anseelse hos Håkon jarl, på hvis side han kæmpede i slaget i Hjörungavåg, og til hvis ære han foredrog sit digt *Háleygjatal*, hvori han førte jarlens slægt op til Odin. Der haves kun brudstykker deraf, ligesom der er lævninger af mange andre af hans sange.

Fra den tid af var det mest Islændingerne, der øvede skaldskab, både hjemme og ved de norske kongers hird og på andre steder. Hvor almindelig anvendelsen af kvad var endog i det daglige liv, ses af de fleste sagaer (Njála, Eigla, Gretla, Vígaglúmssaga, Laxdæla, Kormaks, Gunnlaugs saga o.s.v.). Som en af de ældste skalde, vistnok den allerbetydeligste, må betragtes *Egill*

Skallagrimsson, om hvem Egilssaga handler og som levede Omtr. 900-990. Hans fader og forfædre vare ansete mænd, vældige kæmper og begavede skalde; og i landnámstiden flygtede faderen Skallagrímr fra Norge og nedsatte sig på gården Borg i Borgafjord. Egill havde fået stridigheder og kampe at bestå i Norge med Erik blodøkse og Gunhild; men da Erik måtte flygte til Nordhumberland og Egill led skibbrud i nærheden af kongens opholdssted, kom han i livsfare og reddedes kun ved hjælp af Arinbjørn og et kvad, han om natten måtte digte for at slippe fra døden. Herfra stammer to af hans berømteste digte *Arinbjarnardrápa* og *Höfuðlausn*, hvilket sidste ansås for et sandt mesterstykker. Det findes ligesom hans øvrige kvad i Egilssaga og består af 20 vers med stev. Efter et meget bevæget liv slog han sig endelig til ro på Island, men havde i sin alderdom den sorg at miste en elsket søn, i hvilken anledning han digtede *Sónartorrek* (sønnetabet), et af de allerskønneste kvad i literaturen (på 24 vers.).

Glúmr Geirason kom fra Island til Erik blodøkses sønner og fulgte Harald gråfeld i hele dennes levetid; ved hans fald ved Hals i Limfjorden digtede han Gráfeldardrápa, hvoraf haves brudstykker.

Kormakr Ögmundsson fra Midfjord på det nordlige Island, en hæftig og stridbar karakter, er især erotisk digter. Hans kærlighed til Steingerðr Þorkelsdóttir er indholdet af hans mange sange; men da den var ulykkelig, strejfede han om på vikingetog og faldt i Skotland (Kormaks Saga). Af hans *Sigurðardrápa* (til ære for Sigurd Ladejarl) haves kun lidet.

Einarr Helgason Skálaglam (ɔ: skåleklang, en spådomsvægt, han fik til gave af Håkon jarl) kom fra Island og blev Håkon jarls hirdmand, om hvem han digtede to drápaer, og var med i kampen i Hjörungavåg. Af det ene *Vellekla* (pengetrang) haves betydelige stykker.

Hallfreðr vandræðaskáld (ɔ: den vanskelige skald, som man ikke kan komme tilrette med) kom fra Island til Norge og vandt Håkon jarls gunst, men siden især Olav Tryggvasöns, skønt han var voldsom og ubesindig. Efter kongens fald (1000) gjorde ban en drápa derom, ligesom i Sverige en Ólafsdrápa til Olav Sveakonges ære.

Gunnlaugr ormstunga og hans medbejler *Skald-Rafn* (om hvilke Gunnlaugssaga handler) ere mest bekendte af deres kamp om Helga den fagre og kærlighedsviser, men færdedes ligesom de fleste islandske skalde på tog til Norge, Sverige, England, Orknøerne o. s. v. Sagaen er skøn og danner en hel lille oldnordisk roman.

Eilifr Guðrúnarson var måske fra Norge, da han henregnes til Håkon jarls skalde. Af hans digte udhæves *Þórsdrápa*, hvoraf haves et betydeligt brudstykke (i Skálda), der er kommet fra Island. Det behandler Tors færd til Geirrøds gård og står uovertruffet i kunstige omskrivninger og dunkelhed, og viser, hvorledes, efterhånden som tankefylden aftog, kunstleri søgte at erstatte dens mangel. Af hans øvrige sange haves kun lidet, ligesom vi af *Úlfr Uggason* kun kende *Húsdrápa*, en beskrivelse af billederne i Ólafr Pá's hus i Hjardarholt (opbevaret i Laxdælasaga): Balders ligfærd, Tors kamp med Midgårdsormen o. s. v.

Sighvatr Þórðarson kom fra Island til Olav den hellige, der kun lidet yndede den hedenske skaldekunst, men dog gjorde ham til sin staller. Men da kongen faldt på Stiklestad, var Sighvatr på en pilegrimsrejse i Rom; efter hans hjemkomst gjorde kong Magnus meget af ham, og her digtede han sine *Bersöglisvisur* (ɔ: frimodighedsviser) for at tolke folkets misfornøjelse med kongen, hvilke havde så god virkning, at Magnus derefter forandrede sin strænghed til mildhed og fik tilnavnet «den gode». Ligesom disse viser digtede han drotkvædede *Nesjuvísur* (om slaget ved Nesjar 1015, der grundlagde Olavs herredømme i Norge) og en *Knútsdrápa* i toglag under et ophold hos Knud den store. Af alle disse digte findes store brudstykker. Sighvatr døde i Norge før 1047, da kong Magnus († 1047) overlevede ham.

Under Olaf den hellige levede også *Þormóðr Kolbrúnarskáld*, således kaldet af hans lovsang om Þorbjörg med de kulsorte bryn; han fulgte kongen i hans landflygtighed i Gardarike og var med i slaget ved Stiklestad, hvor han faldt. I *Fóstbrœðrasaga*, der skildrer hans hårde sind og vilde liv, er en del af hans kvad bevarede.

Þórarinn loftunga var Knud den stores skald; han digtede *Höfuðlausn*, *Togdrápa* (benævnt efter formen for drotkvædet, der kaldes toglag) og om kong Sven *Glælognskviða* (den klare løgns sang), hvoraf noget er bevaret.

Der kan opregnes en mængde islandske skalde, der omtales i de følgende norske kongers sagaer, medens der ingen udmærkede sig af Nordmændene selv undtagen nogle af kongerne, som Olav den hellige og især Harald hårdråde. Hos denne sidste stod Islændingen *Arnorr jarlaskáld*, så kaldet af sine digte til de orknøiske jarler, i anseelse, ligeledes *Steinn (Hallarsteinn)*, forfatter til *Nizárvísur* (om slaget ved Niså 1062) og *Rekstefja* (til Olav Tryggvasöns minde).

Særlig må mærkes *Einarr Skúlason*, der kom til Norge ved Sigurd Jorsalafarers hird og hos Harald Gille 1152 digtede *Geisli* (strålen) eller *Ólafsdrápa* til hellig Olavs ære og fremsagde det i Kristkirken i Nidaros. Dette kristelig-religiøse digt er helt bevaret i Flateyjarbóks begyndelse (68 vers), men udmærker sig ellers ikke ved poetisk fylde. — Som eksempel på skalde også andensteds må nævnes *Ragnvald jarl* af Orknøerne, der i sand digtergave står over de fleste samtidige (født omtr. 1100, dræbt 1158, efter Orkneyinga saga), og af hans *Háttatal* er det meste bevaret i Snorra Edda. Ligeledes den orknøiske biskop *Bjarni Kolbeinsson* (omtr. 1200), der forfattede det bevarede digt *Jómsvíkingadrápa*, der er i en lettere form end de ældre drápaer og benyttet som kilde af Snorre og i flere sagaer.

I det 13de århundrede, i hvis begyndelse også *Skálda* i Snorra Edda forfattedes, hævede den sunkne skaldekunst sig atter for en tid ved *Snorri Sturluson* og hans slægt, som ovenfor er omtalt. Hans *Háttatal*, der er et stort digt på 102 vers i de forskelligste versemål til kong Håkon Håkonssöns og Skule jarls pris, forfattet noget efter 1220, vil nærmere blive omtalt ved Snorra Edda. Han digtede også flere drápaer. Hans to brodersønner *Ólafr hvítaskáld* og *Sturla Þórðarson* ere også ovenfor omtalte; her må navnlig den sidste udhæves som berømt skald og som den, der slutter skaldenes egenlige række. Hans hovedværk er *Hákonarkviða*, der er helt bevaret; et andet digt, ligeledes om Håkon Håkonssön er næsten tabt; et tredje *Hrafnsmál* handler om samme konges tog til Skotland. Fra nu af forstummer skaldekvadene, da tiden også var forandret (i Norge fra Sverres tid). Den krigerske drápa afløses af det religiøse digt med kristelig opfattelse af de blidere dyder. Nogle spor af denne ny retning fandtes allerede tidligere (som Geisli). Som eksempel kan nævnes *Placidusdrápa* efter en legende, af en ukendt forfatter fra omtr. 1200, dog ikke fuldstændig bevaret; dernæst *Harmsól* (sorgens sol) af *Gamli Kanóki*, en avgustinermunk på Island omtr. 1300, — det fremstiller i 65 vers angerens kraft; *Líknarbraut* (husvalelsens vej) til det hellige korses pris, omtrent fra samme tid; *Leiðarvísan* (vejvisning) af en *Brandr*, om søndagens hellighed. De ere i formel henseende fuldkomne, men i indhold temmelig fattige. I den påfølgende tid fremkom en stor mængde slige digte. Men henimod slutningen af den gamle tid (1350-1400) indså man det urimelige i at overholde de gamle Eddaregler og skrev friere. *Eysteinn Ásgrimsson*, avgustinermunk i forskellige klostre skrev det berømte digt *Lilja*, et slags messiade og prisdigt om jomfru Maria i 100 ottelinjede vers i et eget slags drottkvæði, der efter det kaldes liljulag. Det er forfattet før 1361, da Eysteinn døde. — Fra den tid af er «rim» de eneste digte. Den ældste *ríma* er *Ólafsríma* af Einarr Gilsson; den findes i Flatøbogen.

Den yngre Edda

Edda, den yngre, kaldet Snorra Edda. Ved slutningen af den poetiske litteratur skal behandles den prosaiske Edda, der blev bekendt omtrent samtidigt med at den ældre Edda kom frem for lyset, da Arngrímr Jónsson skænkede et håndskrift (skindbog) til Ole Worm 1628, den såkaldte codex Wormianus (isl. Órmsbók). Det andet håndskrift købte biskop Brynjúlfr i Skalholt 1640 og sendte det til kong Frederik den 3die (codex regius); det 3die, som findes i Upsala (codex Upsalensis), kom også fra Island midt i 17de århundrede. Alle tre ere skrevne i begyndelsen af 14de århundrede, og i det sidstnævnte angives Snorre som forfatteren. Indholdet er en ordnet fremstilling af skaldekunstens grundlag og en lærd udførelse i det enkelte af kunstens regler om versebygning, om sprogets retskrivning og retorik. Det er ikke ét værk eller én mands arbejde, men en samling af mange forfattere til mange tider, tilsidst samlet til et helt; hvorved dog er at mærke, at ordningen ingenlunde er den samme i alle tre afskrifter, men hver for sig danner ligesom en selvstændig redaktion. Dets dele ere: **1) Gylfaginning** (Gylves skuffelse), en hel nordisk mytologi i form af samtale mellem Gángleri og guderne Hár, Jafnhár og Þriði, bygget på Völuspá og andre oldkvad fra hedenskabets ældste tid, uden indblanding af forfatterens betragtninger. **2) Skálda**[13], der består af a) *Bragarœður*, Brages fortælling om Iduns bortførelse og digtekunstens oprindelse, altså et tillæg til Gylfaginning. Men det betragtes dog rettere som

---

[13] Navnet er dannet af *skáld*, ligesom Njála, Eigla, og betegner «skaldebogen, skaldelæren». Det findes dog ikke i skindbøgerne, men er nyere.

en indledning til Skálda. b) *Skáldskaparmál*, en afhandling om skaldeudtrykkene ɔ: de omskrivende betegnelser og benævnelser (kenningar) inddelte i 8 klasser, belagte med en overordenlig stor mængde citater af skalde (omtrent 70) og oplyste ved mytologiske fortællinger, der ikke findes i Gylfaginning (om Tor, om Völsunger og Gjukunger, om Rolv krake o. s. v.) foruden digtene Þórsdrápa og Haustlöng. Til slutningen er tilføjet et langt digt, bestående af lutter skaldeudtryk, et læredigt i den ældste form. Hele Skáldskaparmál er et uundværligt hjælpemiddel til at forstå de gamle skalde og vidner om stor lærdom og skarpsindighed. — Lige så fortrinligt er det næste afsnit **3) Háttatal**, en fuldstændig metrik knyttet til Snorres ovenfor omtalte store, digt, hvor de forskellige *hættir* (versemål) praktisk ere anvendte, således at hver vise er i sit versemål, med tilføjede forklaringer. Der gives for resten et ældre Háttatal eller *Háttalykill* af Ragnvald jarl (fra omtrent 1150), som tilføjes i udgaverne af Edda, hvortil endnu hører en *fortale* til Gylfaginning, hvori forfatteren vil forklare den oldnordiske gudelære og ældste historie ved at henføre den til den klassiske og bibelske historie; men det er et dårligt arbejde, uden al kritik. Der er et lignende *eptirmáli* både til Gylfaginning og til Skáldskaparmál.

Hertil kommer som tillæg (2den hoveddel) en indledning og 4 afhandlinger af grammatisk og retorisk indhold, idet de latinske grammatikeres regler anvendes på Oldnordisk. Indledningen vil sætte disse partier i forbindelse med den egenlige Edda; de kristne klerkes lærdom anbefales fremfor de hedenske skaldes gudelære og versekunst, der dog må beholdes således som Snorre har anvendt den. Det angives, at Are frode først har indført eller ordnet den latinske bogstavskrift på Island og benyttet Priscianus: de partibus orationis. Den 1ste afhandling angår bogstaverne og retskrivningen. Den gamle islandske forfatter er vist lige så gammel som Are frode (omtr. 1150). Den 2den afhandling er om det samme, men af en anden forfatter; den 3dje er først grammatisk efter Priscian: om lydene, bogstaverne, stavelserne og ordene med deres inddeling i klasser. Forfatteren, der ved at omtale runerne, nævner kong Valdemar af Danmark som sin herre, kan næppe være nogen anden end Ólafr hvítaskáld, der opholdt sig en tidlang hos Valdemar den 2den. Dernæst er det en retorik efter Donat: om sprogfejl, talefigurer, omskrivninger. Den nævner (i et af håndskrifterne) den samme Ólafr hvítaskáld og Snorre som forfattere af denne Edda. Den 4de afdeling handler om talefigurerne, og forfatteren synes at være en gejstlig fra 14de århundrede.

Hvilken del i dette betydelige arbejde der tilkommer Snorri Sturluson, efter hvem det hele værk har fået navn af Snorra Edda, er ikke nogen let sag at afgøre. Da han dog bevislig er forfatter af Háttatal, er Skáldskaparmál vistnok også af ham, ligesom da måske også Gylfaginning, hvilket udtrykkelig siges i Upsalahåndskriftet. Dog må vi ikke forglemme de gamles bestemte udtryk *saman setti og hefir saman færa látit*, hvilket betegner en ordnen og bearbejdelse af noget givet, måske dog også nedskrivning af, hvad der forhen kun fandtes mundlig overleveret. Og om det nedskrevne værk oprindelig er Snorres, er der dog i tidernes løb upåtvivlelig forandret og tilføjet meget, hvad også håndskrifternes indbyrdes afvigelser bevidner. Samlingen af det hele er vel afsluttet henimod 1330, uvist af hvem.

Saga

Dette navn er beslægtet med *segja* (sige) og betegner altså fortælling over-
hovedet. Herunder indbefattes ikke alene den allerstørste, men også den vig-
tigste del af den oldnordiske literatur, ifølge folkets hele åndsretning, som
ovenfor er antydet: ligefra sagnene om guder og helte gennem de gamle
slægtshistorier indtil den virkelige historie og derefter til middelalderens
romantiske ridderhistorier. Også her spiller Island hovedrollen, om end
Norge indirekte har sin del i literaturen.

Ligesom de ældste frembringelser i bunden tale overalt gå forud for opteg-
nelser i ubunden tale, således er der endnu et langt mellemrum fra den
mundlige overleverings begyndelse og de første skriftlige optegnelser til vir-
kelig historie. Der udfordres en ikke ringe dannelse og kultur til at fremstil-
lingen kan blive mere end tør annalistisk opregning, eller krønike, som uden
kritik beretter løst og fast. Men intet andet sted var der heldigere betingelser
tilstede end hos Islændingerne, til at udvikle den historiske fremstilling. Til
folkets medfødte sans og begavelse i denne retning kom de ydre omstændig-
heder. Den måde, på hvilken landet blev bebygget og folket dannedes, den
afsides beliggenhed og nybyggernes frihedsfølelse og dannelse måtte be-
virke, at de satte pris på at bevare deres minder, om end disse fra begyndel-
sen kun vare person- og slægtsberetninger. Nybyggerne vare fri og ansete
Nordmænd, der både medbragte minderne fra hjemm og et ved private og
offenlige sammenkomster nærede den almenånd, der kun fostres i fristater.
Stoffet, der samledes, blev til en mundlig fortælling først i slægten og den

nærmeste kreds; lysten til at høre og fortælle udviklede evnen; skaldene bleve tillige sagamænd, som morede gæsterne ved gilderne, og de utallige skaldesange danne ofte grundlaget for en fortælling. Også kvinder stod i anseelse for deres fortællinger, og med den vakte æresfølelse og dådlyst stod sans for digtekunst og historie i den naturligste forbindelse. Vi vide, at også på fastlandet hørte man gerne ikke alene de islandske skalde, men også sagamændene; både Sakse i Danmark og historieskriverne i Norge benyttede Islændingernes beretninger som kilder. De indskrænkede sig nemlig ikke til deres egen øs begivenheder, men ved vikingetog, handelsrejser og som omvandrende skalde bragte de mange efterretninger med sig. I almindelighed vendte de dog tilsidst tilbage til Island, og i deres alderdom fortalte de deres ungdoms hændelser og bedrifter.

Det er en selvfølge, at nedsættelsen i et nyt land, de udvandrende og flyttende slægters hændelser og stridigheder med hverandre gave rigt stof til de første fortællinger, der omtrent alle begynder fra dette tidspunkt. Dertil kom så *siðaskipti* ɔ: ombytningen af hedenskabet med kristendommen, hvilken begivenhed ovenfor er fortalt. Bogstavskriften kom med kristendommen og afløste runerne, der bedst passede til at ristes i træ og sten og vel oftest kun anvendtes til korte indskrifter[14]; det indsamlede stof blev da ordnet og efterhånden nedskrevet. Uagtet kristendommen fremkaldte en hel anden livsanskuelse, og der prædikedes mildhed, selvbeherskelse, sjælero og håb om himmelens løn istedenfor hæder og bytte, kamp og vildhed, udslettede den dog ikke de hedenske minder; og skønt latinsk sprog blev bekendt gennem messen, fortrængte det aldrig modersmålet, der dyrkedes med forstand og kærlighed. Gejstligheden bidrog netop til at bevare og samle de gamle sagn, og de første bisper, der vare Islændinger, havde agtelse for folkets sprog og historie. Den sydfra komne dannelse fremkaldte

---

[14] Rimeligvis er **þ** lånt fra runerne og **ð** hentet fra Oldengelsk. At Are frode først har bragt den latinske bogstavskrift i brug, er rimeligt, men ikke just afgjort med sikkerhed.

forbindelser med Saksland, Paris og Rom; mange gejstlige rejste udenlands og stiftede skoler, når de kom hjem.

Sagaen, som opstod med begivenhederne og forplantedes mundlig, kan først være fuldendt og afrundet, når begivenhederne ikke alene ere færdige, men også stå klart for bevidstheden og hævede over øjeblikkets ensidige og partiske dom, altså først i den næste slægt. Vi kan inddele den islandske sagatid i 3 afsnit, hvert på omtrent 50 år. 1) først landnámstiden (874-930), 2) dernæst tiden 935-990; ti Hrafnkelssaga ender med 950, Hænsa-Þórissaga med 965, Gisla Surssonarssaga 978, Kormakssaga 960, Egilssaga 990, Viga-Glumssaga 990 o. s.v.). Den mundlige saga var da udbredt over hele landet, men den skriftlige optegning kom først sildigere, noget efter år 1050; 3) endelig tiden 990-1030, i hvilken sagastoffet sluttes (Droplaugarsonasaga ender 1006, Gunnlaugssaga 1010, Njálssaga 1015, Laxdælasaga og Eyrbyggjasaga 1030), efter hvilken tid intet betydeligt sagastof bliver til. Den egenlige skriftlige behandling heraf kan næppe være begyndt før et halvt århundrede derefter, altså henimod 1100. Ses desuden hen til, at dels kirkens tarv, dels lovgivning først lagde beslag på alle brugelige kræfter, må man godkende beretningen i fortalen til Heimskringla, hvor det udtrykkelig hedder, at sagaskrivningen egenlig først begyndte 1120 med Are frode. Han ordnede først fortællingerne efter historiens love, og den virkelige historieskrivning nåede sit højdepunkt med Snorre, 1220. I dette århundrede må sagaerne da være fuldstændig optegnede. Hungrvaka er nedskrevet kort efter 1200, Oddr Snorrasons og Gunnlaugr Leifsons latinske bearbejdelser ere ligeledes benyttede af Snorre, Styrmir fróði skrev omtr. 1240, Sturla Þórðarson 1260-84. Skribent- virksomheden falder således mellem 1100 og 1300. Efter den tid er det egenlig kun gentagelser og ridderromaner. — Den skrevne saga er altså et par hundred år yngre end begivenhederne, men bærer dog altid præg af umiddelbarhed i fremstillingen; der fortælles kort, fyndigt og dramatisk, uden betragtninger, med den ufejlbare pålideligheds sikkerhed. Og hvad fremstillingen angår, da er det ikke alene en nedskriven af de gængse beretninger, men i de storre og bedre sagaer viser sig en umiskendelig kunst

og stræben efter at afrunde og gøre til noget helt. Ved siden af mange krono-
logiske og genealogiske undersøgelser anføres stadig hjemmelsmænd (Are
frode, Snorre). Men medens det ved skaldekvadene, der hyppig anføres, næ-
sten altid angives, af hvem de ere, ere alle sagaernes forfattere navnløse,
fordi nedskriveren ikke kunde kalde sig forfatter af, hvad der mundlig var
overleveret og betragtedes som slægtsejendom. De historiske værker have
derimod navngivne forfattere lige fra Are til Snorre og Sturla Þórðarson; ti
her er samlingen af det hele forfatterens værk, og han har med kritik benyt-
tet både skriftlige og mundlige kilder. Dog er det at mærke, at mange af de
største og vigtigste historiske håndskrifter ere navnløse; og da de hvert især
afgive en ny redaktion af indholdet, har man i den nyeste tid i Norge begyndt
at udgive disse vigtige kildeskrifter i ligefremme aftryk, hvilket er af største
vigtighed både til sproglige og historiske forskninger (således *Flateyjarbók*,
Frissbók, Morkinskinna, Fagrskinna, Ólafs saga helga, den større og mindre
m. fl.). De historiske arbejder indtage naturligvis i det hele en højere plads
end den blotte saga.

For at få en oversigt over den omfangsrige sagaliteratur, må vi efter indhol-
det inddele sagaerne i I) de mytiske og II) de historiske, hvilke sidste atter
enten a) angå Island eller b) andre lande og folk, endelig III) de romantiske.

I. Den mytiske saga

Den mytiske sagas stof er selvfølgelig ældre end den historiske sagas; kil-
derne ere ældgamle sange og sagn, som benyttedes ved den langt sildigere
skriftlige affattelse. Sangene kan enten være det egenlige og væsenlige ind-
hold, så at fortællingen er en omsætning derfra til prosa, eller kun hist og
her anføres i fortællingen som beviser. Dette udgør skelnemærket mellem
den mytiske og historiske saga, medens den romantiske atter, ligesom mid-
delalderens folkebøger, egenlig er digt på prosa. Völsungasaga er kun en om-
skrivning af Edda- digte, til hvis forståelse den imidlertid hjælper meget, og

til de virkelig mytiske henhøre alle de, der angå Völsungatiden og de nord-
tyske riger med nordiske helte. I de mytiske sagaer optræde guderne; de ro-
mantiske lægge hovedvægten på det eventyrlige, indtil de gå op i rene even-
tyr. Med henvisning til de ældste gudesagaer i Snorra Edda gå vi først til

1. Völsungasaga eller *Sigurðar saga Fafnisbana*, der omfatter sagnkredsen
om Völsunger, Gjukunger og Nivlunger og grunder sig væsenlig på Eddakva-
dene, men har dog også andre kilder (andre gamle sange), og fremstiller ofte
indholdet på en anden måde. Begyndelsen handler om Sigurds forfædre, der
føres op til Odin, fra hvem Völsung konge i Huneland nedstammer. Dennes
datter ægter Siggeir, konge i Gautland, som dræber Völsung o. s. v. Den
større midterste del af sagaen har indhold fælles med Eddasangene, medens
slutningen ved Aslaug knytter sagnet til Ragnar lodbrogs saga. I sin helhed
er sagaen formodenlig nedskreven i 13de århundrede, men består egenlig af
flere mindre sagnkredse, der særligt have dannet sig, ligesom det korte ud-
drag i Skálda næppe er et blot uddrag af Eddakvadene. Enkelte dele ligne de
eventyrlige riddersagaer og synes at være sildige tilsætninger, hvorimod be-
gyndelsen (k. 1-12) ved den simple fortælling viser sin ælde som gammelt
folkesagn, hvilket også gælder slutningen.

2. Vilkinasaga eller *Níflungasaga* eller *Saga Þiðriks konungs af Bern* (det sid-
ste navn er det rigtigste) er en sildigere bearbejdelse efter tyske folkesagn
(folkeviser) foretagen i Norge i 13de århundrede, efter at de ægte sange og
sagn vare forglemte. Det er et stort værk, med tysk og sildigere karakter, om
end sproget er godt, nærmende sig til de romantiske ridderfortællinger. Men
i forbindelse med Völsungasaga, Eddakvadene og det tyske Nibelungenlied
danner den en helhed.

3. Hervararsaga (*ok Heiðreks konungs*) peger hen på et tidspunkt, der ligger
nær ved de foregående sagaers tid, om den end i det hele er mere romantisk.
Begyndelsen og enden er historisk, men den største mellemste del grunder
sig på gamle sange: om kampen på Samsø, krigen med Hunerne, Heiðreks

gåder, ældgamle ættedigte om sværdet Tyrving og ringen Andvaranaut, Arngrims sønner, Anganty og Ørvarodd o. s. v., af hvilke nogle ere bekendte fra Sakse. Hervör fremstilles ganske som en skjoldmø; kærlighedsforholdet mellem Hjalmar og Ingeborg er skildret smukt og rørende. Sagnet om Tyrving går gennem det hele. I gåderne have vi gode prøver på oldtidens vid og skarpsindighed. Håndskrifterne ere meget afvigende fra hverandre, og vi har i det mindste tre meget forskellige redaktioner.

4. Hrólfs saga kraka ok kappa hans (om Rolv og hans kæmper) er en meget omfattende sagnkreds om flere danske konger, inddelt i 7 afsnit (*þættir*), der hvert er et mindre hele. 1 handler om Halvdans sønner Roar og Helge, og Sakse har ganske fulgt samme sagn; 2 om Helge, Yrsa og dennes søn Rolv. Samme sagn findes i Snorra Edda, ligesom Grottesangen kender det, og Ynglingasaga har en lidt afvigende beretning. De følgende afsnit om Rolvs forhold til Skuld og Hjörvard, om Bødvar Bjarke og Hjalte, om Vøgg og kongens undergang ere eventyrligt udpyntede (Bjarkemålet); Sakse har en simplere og troværdigere fremstilling. En historisk grund mangler ikke (Rolv må sættes i 6te århundrede), men sagaen selv er af sildig oprindelse (14de århundrede) og strejfer helt ind på eventyrets enemærker.

5. Saga af Ragnari Loðbrók ok sonum hans. Også i Ragnar lodbrogs saga er det historiske grundlag stærkt romantiseret, og Krákumál viser, at digt er forvandlet til historie. Ragnars mange eventyr og død i ormegården hos kong Ella er ikke historisk; men sagnet har samlet alt muligt endog fra fjærne tider (Völsungesagnet) til heltens forherligelse. Det sikreste er vel at antage, at Ragnar døde 794; men sagaen i sin nuværende form er vistnok fra slutningen af 13de århundrede, måske af samme forfatter som har skrevet Völsungasaga, skønt stilen synes at røbe forskellige nedskrivere. Et særeget tillæg er en *Þáttr af Ragnars sonum*, der indeholder en del værdifulde historiske oplysninger.

6. Nornagests saga (*söguþáttr af Nornagesti*) er mærkelig som en blanding af historie og eventyr. Ved Gests fødsel havde vølverne spået, at hans livs varighed skulde betinges af et lys som brændte; ved dets udbrænden skulde han dø. Lyset bevarede han stedse, indtil han 300 år gammel frivillig udslukte sit liv på kong Olav Tryggvasöns tid, efter at han havde færdets med Sigurd Favnesbane, Starkad og Lodbrogssönnerne. Sagaen minder om Eddasangene, men alt bærer den sildigere tids præg, også derved at sagaen vil samle alle ting uden hensyn til tid eller sted. Det er et digt, aldeles uden historisk betydning, og kan ikke være ældre end de foregående sagaer.

7. Sögubrót af nökkurum fornkonungum i Dana ok Svíaveldi (brudstykker om nogle oldtidskonger) er lævninger af en større saga om Ivar vidfadme, Harald hildetand og Sigurd ring, med beskrivelse af Bråvoldslaget (omtr. 720). Grundlaget er historisk, hvorved man kommer til at tænke på den af Snorre nævnte Skjoldungesaga, som nu er tabt; men hele fremstillingen er lige så romantisk og eventyrlig som de andre sagaers fra 13de—14de århundrede.

8. Sörlaþáttr eða saga af Héðni ok Högni behandler det mærkelige sagn om Hjaðningavíg, der også findes i Snorra Edda og hos Sakse, men fra et sildigere (kristeligt og historisk) standpunkt, der er så eventyrligt og romantisk, at hele oldtidens ejendommelighed er opgivet. Denne fortælling kunde derfor gerne henregnes til de ikke mytiske, men romantiske sagaer; men det er her såre vanskeligt at drage grænsen.

Nærmest knyttede til Norges ældste sagnhistorie ere følgende sagaer:

9. Fundinn Noregr (det fundne Norge) eller *Hversu Noregr bygðist* (*frá Fornjóti ok hans ættmönnum*), der findes i Flatøbogen i to bearbejdelser, er et sildigt og uheldigt forsøg på at oplyse Norges bebyggelse, måske fra omtrent år 1200, med en del usikre genealogier.

10. Friðþjófs saga hins frœkna haves i to bearbejdelser, vel fra midten af 13de århundrede. Den hviler på en historisk grund, skønt den ikke omfatter egenlig historiske begivenheder; men den er romantisk-eventyrlig, uagtet hele fremstillingen er hedensk og indflettet med gamle kvad, der tyde på sagnets ælde. Den tapre unge hersesøns kærlighed til kong Beles skønne datter Ingeborg og beretningen om kong Ring i Ringerige danner hovedæmnet; men den står noget isoleret og har kun løse tilknytningspunkter til to rent romantiske sagaer: Þorsteinn Vikingssons og Gautreks saga.

11. Hálfs saga eller *saga af Hálfi ok Hálfsrekkum* indeholder en række sagn om Hørdelands og Rogalands konger, med skildringer af fylkes- og søkongers færd i tiden før Norges forening til ét rige, og forsynet med mange viser, der godtgøre dens gamle oprindelse. Men affattelsen er næppe ældre end 13de århundrede. Den mytiske begyndelse er udpyntet med fortællinger om trolddom, havmænd o. s. v., skønt noget historisk må ligge til grund. Hálfs sønnesønner droge fra Norge til Island.

På overgangen til eventyrsagaerne stå en hel række sagaer, hvis skueplads er Norge, nemlig *Ketils saga hængs, Gríms saga loðinkinna, Örvarodds saga* (der fremstiller kampen på Samsø anderledes end Hervarar saga), *Áns saga bogsveigis* o. s. v. Historiske personer ere blandede med sagn og fabler, mange viser anføres, men det bliver mere og mere rene opdigtelser, med forvirrede minder fra oldtiden og barnagtige eventyr. De ere aldeles uden historisk værd, kun mærkelige ved viserne og enkelte oplysninger om de ældste tider, f.eks. om Starkad i Gautreks saga. — Særlig *islandske* ere de så-kaldte *Vættesagaer*, som *Kjalnesinga saga* eller *Búa saga Andríðssonar* og dens fortsættelse *Jökulsþáttr Búasonar* (Esja er Kjalnesingernes skytsånd), *Bárðar saga Dumbssonar* (hvor Bárðr er Snæfeldingernes vætte), *Ármanns saga* (om vætten Ármann, der åbenbarer sig i drømmesyner — ármaðr - draummaðr).

II. Den historiske saga

Historiske sagaer. Ligesom disse på den ene side grænse til de mytiske og på den anden side gå over i de romantisk-eventyrlige, således må der indenfor den historiske sagas grænser skelnes mellem, hvad der er virkelig historie כ: det, som både i form og indhold er at betragte som pålidelig fremstilling af kendsgerninger, grundet på virkelig indsamlet og renset historisk stof, og hvad der fortælles efter løsere beretninger og rygter eller hvori forfatterens selvvirksomhed griber vilkårligt ind. Medens vi da til egenlig historie kun kan henregne de af navngivne forfattere eller efter sikre kilder udarbejdede skildringer af hovedbegivenheder og personer (som Are frodes, Snorres, Styrmir frodes, Sturla Þórðarsons), således kan de almindelige og selv de bedste islandske person- og slægts-sagaer, der ere opståede gennem tradition og førte i pennen efter længere tids forløb, kun mere eller mindre tilnærmelsesvis fortjene navn af «historiske», selv om der ikke kan tvivles om forfatterens pålidelighed. — I det vi følge den orden, at vi først behandle de sagaer, der angå Island, dernæst Norge og udflytterstederne Færøerne, Orknøerne, Grønland o.s.v., derefter Danmark og tilsidst andre lande, må vi ved de *islandske* adskille a) dem, der angå landet i almindelighed fra b) slægts-sagaer og c) levnetsbeskrivelser. I spidsen vil vi stille de annalistiske og kronologiske værker.

A. Island

Annaler optegnedes på Island lige fra Ares og Sæmunds tider, og de blive af stor vigtighed for at bestemme tidsfølgen så vel som også, fordi de angive begivenheder, der ikke andensteds omtales; og for 14de og 15de århundrede, hvori intet andet opskreves, blive de de eneste historiske kilder. Under navnet *Íslenzkir annálar* er udgivet en stor samling, der går fra år 803 til 1430, efter flere kilder og med nogle huller (annales vetustissimi, annales regii, Flatøbogens annaler), forfattede af en række mænd, idet en fortsatte, hvor en anden havde ophørt; og som samtidige vidnesbyrd med begivenhederne få de stor historisk vægt. De angå heller ikke Island alene, men omfatte hele Norden, stundom medtagende også andre landes vigtigste tildragelser, og eftersom de rykke frem i tiden, blive de righoldigere og fuldstændigere. Når nogle begynde med Kristi fødsel eller endog før, har dette selvfølgelig ingen betydning for Nordens historie. — Af de såkaldte *ættartal* og *langfeðgatal*, slægtregistre over konger og høvdinger haves også flere optegnede. I disse ligesom i annalerne have de oldengelske annaler og genealogier for en stor del tjent til mønstre.

Som de egenlige kildeskrifter til Islands historie ere følgende fire at betragte:

1. Íslendingabók af *Ari prestr hinn fróði*, som ovenfor er omtalt. Den er også udgivet under navn af *Schedæ Ara prests froða* og indeholder en kort beretning om landets bebyggelse samt dets ældste historie til biskop Gissurr († 1118), skrevet omtrent 1120. Fremstillingen er kortfattet og tør, men ærværdig og tro som den ældste historie, med kronologiske og genealogiske undersøgelser, der vise den grundige forsker. Den skindbog, hvorefter vore to eksisterende afskrifter ere tagne, var til endnu 1650, men var dog neppe skrevet med Ares egen hånd.

2. Landnámabók eller blot *Landnáma* er en udførlig fremstilling af Islands bebyggelse med fortegnelse af alle landnamsmænd og deres slægt (med omtrent 3000 personnavne og 1400 stednavne), inddelt i 5 parter, af hvilke den første danner en indledning og orienterende oversigt over de første nedsættelser i landet, de øvrige behandle hver sin fjerding. Beundringsværdigt er dette værk som ene stående i sit slags; intet andet land eller folk ejer en sådan redegørelse for sin oprindelse og første historie. Den oprindelige forfatter skal være Are frode, men værket er fortsat og forøget af flere, såsom Styrmir frode og Sturla Þórðarson, hvilke to sidst nævntes arbejder ere forenede af Haukr Erlandsson.

3. Kristni saga, beretning om kristendommens indførelse på Island, fremstiller kortelig landets historie fra 980 til 1120, især hvad det gejstlige angår, og et tillæg (*þáttr af Ísleifi biskupi*) går til 1146. Man har tillagt Are frode dette skrift, som synes ført i pennen før 1200, om end den form, hvori vi have det, kan være noget yngre.

4. Sturlungasaga eller *Íslendingasaga hin mikla* (også kaldet *Blómstr* med et sildigere navn, for at betegne dens fortrin fremfor alle andre sagaer) er den største af alle sagaer og det omfangsrigeste værk overhovedet i hele literaturen. Den behandler Islandshistorie i tiden 1120-1284 og har sit navn af Sturlunge- slægten, hvis magt var den fremragende i denne periode. Historien begyndte oprindelig med 1118 og gik til 1264, og når *Arna biskups saga*, der almindelig tilføjes, medregnes, går den til 1320. Forfatteren er Sturla Þórðarson, i det mindste for historien fra 1201-1264, således at muligvis en anden har skrevet begyndelsen og slutningen samt inddelt dette store arbejde i 7 þættir og tilføjet adskilligt. Denne forfatter skal være Þorsteinn Snorrason, munk i Viðeykloster, siden abbed i Helgafellskloster († 1353). Hvad der giver denne vigtige saga fortrinlig værd er dels forfatterens samtidighed med begivenhederne, dels det, at den omfatter hele landets historie i over 150 år med de voldsomme kampe og familietviste, der omsider bragte landet under Norge, da den gamle forfatning og samfundsorden opløstes, og skildrer alt med stor livlighed og med præg af sandhedskærlighed.

B. Slægtssagaerne

Slægtssagaerne ordnes bedst efter de steder, hvor begivenhederne foregå, og kunne derefter henføres til de fire fjerdinger.

a. Sønderlandet, *Sunnlendingafjórðungr.*

1. Njáls saga (*Njála*) eller *Brennunjálssaga* eller *saga af Njáli Þórgeirssyni ok sonum hans*, også kaldet *Fljótshliðingasaga*, er en af de største og ypperste sagaer så vel hvad stil og sprog, som hvad karaktertegningen og indholdets rigdom angår. Den indeholder begivenheder fra sydlandet fra 960 til 1016, som havde stor betydning i private og offenlige forhold. Først skildres den ædle og heltemodige Gunnarr af Hliðarendi's bedrifter og drab, dernæst den kloge, lovkyndige og ansete Njáls liv og gruelige endeligt, endelig de fejder og retsstridigheder, dette gav anledning til (blodhævn o.s.v.). Som fortrinligt malede personer kan foruden de nævnte fremhæves Bergþora, Hallgerðr og Njáls søn Skarphéðin. Slægten føres ned til Sæmund frode, der havde hjem i samme egn og af nogle antages for forfatteren, i hvilket tilfælde der dog må være gjort forandringer i fremstillingen. Men det er lige så usikkert, som når Are frode nævnes som forfatter. Denne saga hører til de tidligst nedskrevne (1150?).

2. Flóamannasaga beretter om Atli jarls ætmænd, der havde nedsat sig i landskabet Flói (efter Landnáma) og navnlig om en af dem, den dristige Grønlandsfarer Þorgils örrabeinstjúpr, hvis farter optage den største del af fortællingen, der er temmelig eventyrlig, ligesom beretningerne om Grønland ere fabelagtige.

b. Vesterlandet, *Vestfirðingafjórðungr.*

1. Egils saga (*Eigla*) eller *Saga af Agli Skallagrimssyni* handler om Myramændene i Borg i tiden 860-1000. I en klar og livlig fremstilling fortælles Egils liv som viking og skald, idet hans mangfoldige viser og større kvad indflettes. Hans færden i Norge og England giver anledning til meddelelse af mange værdifulde oplysninger til Harald hårfagers og Erik blodøkses historie. Uagtet mange gamle skikke omtales som forsvundne, må nedskrivningen dog have fundet sted temmelig tidligt, omtrent samtidigt med Njálssagas. De store og herlige kvad af Egill, som her ere bevarede (Höfuðlausn, Arinbjarnardrápa, Sonartorrek) ere ovenfor omtalte. Såvel Egill selv som faderen Skallagrimr stå som ægte typer for nordiske kæmper fra hedenskabets sidste tid.

2. Gunnlaugs saga ormstunga eller *saga af Gunnlaugi ormstungu ok skáld-Rafni* er en fortsættelse af Egilssaga. Stedet for begivenhederne er det samme og tiden 990-1010. De to kæmper og skalde Gunnlaugr og Hrafn bejle begge til Egill Skallagrimssons sønnedatter Helga den fagre; og fortællingen skildrer med stærke træk såvel den trofaste kærlighed som den lumske hævngærrighed. Fortællingen er blandet med en stor mængde viser af begge skaldene, især af Gunnlaugr. Uagtet det ældste håndskrift tillægger Are frode forfatterskabet, må sagaen være sildigere nedskrevet; Snorre og Einarr Skúlason nævnes deri, hvilket viser en langt yngre tid, så fremt det ikke er randglosser, der have indsneget sig i teksten.

3. Bjarnar saga Hitdœlakappa er atter en fortsættelse af den foregående (i tiden henført til 1010-1025), da Björn er en søsterdattersøn af Egill. Sagaen handler om Björns kærlighed til Oddný og hvorledes han dræber Þórðr Kolbeinsson. Den indeholder ligeledes mange viser og er underholdende, men ikke af stor historisk betydning. Björn færdes som hans ligemænd meget på rejser og opholdt sig hos Erik jarl og siden hos Olav den hellige.

4. Hænsa-Þórissaga. I denne saga, hvis tid er omtrent 960, hvis personer alt har været kendte af Landnámabóks forfattere og flere andre sagafortællere, og som altså hører til de tidligst opskrevne, findes vigtige bidrag til den gamle islandske forfatnings historie (tale på altinget, oprettelse af fjerdingsting, Blundketils indebrændelse efter en hæftig strid o. s. v.). Om beretningen end er gammel, høre håndskrifterne dog ikke til de ældre.

5. Harðar saga Grímkelssonar ok Geirs (eller *ok Hólmverja*) er ligeledes en af de ældste, og dens begivenheder kendes af Landnáma. Handlingen foregår 950-990, men slægtregistrene føres ned til 1150, efter hvilken tid den da må være optegnet (omtrent 1250), men håndskrifterne ere alle yngre. Den indeholder de sædvanlige beskrivelser af drab og hævn; Hörðs og Geirs ophold i Norge hos dronning Gunhild ender med deres forvisning; mange fredløse mænds hændelser, indtil deres høvding lumskelig bliver fangen og dræbt.

6. Eyrbyggja saga eller *Þórsnesingasaga* indeholder begivenheder, som foregå ved Breiðafjörðr mellem 880 og 1030. Den begynder med beretninger, der ere vigtige også for Norges historie, men siden er høvdingen Snorri goði hovedpersonen. Fortællingen er fuld af spøgelse- og gengangerhistorier, hvori vi dog uden tvivl have et sandt billede af tidens overtro. Fremstilling, der er interessant, er vel fra omtrent 1250.

7. Víga-Styrssaga ok Heiðarvíga (kampen på heden) er en af de allerældste sagaer, der vel står Are frodes arbejder nærmest i tiden. Begivenhederne foregå ved Borgarfjörðr og Breiðafjörðr omtrent år 1000. Begyndelsen mangler, men er tilföjet efter hukommelse i den nyere tid, da originalhåndskriftet brændte 1728 ligesom så mange andre håndskrifter, og fortællingen om Styr findes også i Eyrbyggja. For resten er der en rig afveksling af kampe og drab, flugt og forfølgelse, straf og hævn, og endelig forlig (med angivelse af en mærkelig formular).

8. Laxdœla saga. Begivenhederne foregå i Laxárdalr ved Breiðafjörðr i tidsrummet 886—1030, og sagaen er en af de største og indholdsrigeste, tillige en af de bedste med hensyn til karakterskildringer (såsom af Ólafr Pá, hans rejser, giftermål, bolig — *husdrápa*, s. ovenfor). Hovedpersonen er Guðrún Ósvífsdóttir; og striden om hende mellem de to unge høvdinger Kjartan og Bolli volder begges død. Ved beretningen om Kjartans og Bollis ophold i Norge hos kong Olav Tryggvason gives også skildringer af Norges tilstand og anføres begivenheder, der har betydning for historien. Forfatteren viser smag og skånsomhed og fører et let sprog, der vel ikke er så kærnefuldt som i de bedste sagaer, men behageligt og tiltalende. Han er åbenbart meget yngre end begivenhederne, og sagaen må være nedskrevet i 13de århundrede.

9. Þorskfirðinga saga eller *Gullþóris saga*. Skuepladsen er Þorskafjörðr i det nordvestlige Island; begivenhedernes tid er 900-930. Þórir, som får sit tilnavn (Gull-Þórir), fordi han samler guld i Finmarken tilligemed Halls sønner, kommer i strid om guldet med dem; der opstår kamp, over de faldne opkastes gravhøje og forlig stiftes tilsidst. Men der er indblandet adskilligt eventyrligt i fortællingen, der ikke hører til de bedste.

10. Gisla saga Súrssonar foreligger i to bearbejdelser. Indholdet angives kortelig i Eyrbyggja. Der skildres en fredløs Islændings skæbne og fald. Stedet er Haukadalr i Dýrafjörðr, tiden 950-980. Den hører til de ældste sagaer, og grundlaget tillægges af nogle. Are frode. Fortællingen er meget underholdende ved beskrivelse af fostbroderskabets stiftelse, med livlige scener af trætte, drab, stævning, fredløshed o. s. v. (sværdet Grásiða).

11. Hávarðar saga Ísfirðings eller *Ísfirðingasaga* hører hjemme ved Ísafjörðr og begivenhederne tildrage sig ved år 1000 (omtales også i Landnáma). Fortællingen skylder den gamle Hávards viser sin tilblivelse, men disse ere i de bevarede håndskrifter så mishandlede, at det er umuligt at restituere dem, ligesom tildragelserne også ere forvanskede, efter hvad der kan ses af de renere kilder. Skalden Hávarðr kommer i strid med Þorbjörn i anledning af et drab, og derom drejer fortællingen sig.

12. Fóstbrœðra saga. Handlingen udgår fra Ísafjörðr (1010-1030): Þorgeirr og Þormoðr Kolbrunarskáld indgå fostbroderskab. Den første dræbes, den anden, som elsker Kolbrun (pigen med kul(sorte) bryn), drager til Grønland for at hævne fostbroderen, kommer siden til Knud den mægtige i Danmark og Olav den hellige i Norge og falder ved Stiklestad, hvor han kvad Bjarkemål. Sagaen giver mærkelige oplysninger om Grønland, men også om Norge. Den findes i Flatøbogen, hvor den er optagen i Olav den helliges saga, men den har sikkert længe før været særskilt behandlet og findes også i egne håndskrifter.

c. Nordlandet, *Norðlenðingafjórðungr*.

1. Kormaks saga fremstiller begivenheder fra 930-984 i Miðfjörðr. Skalden Kormakr Ögmundsson elsker Steingerðr; hans mange kærlighedsviser i denne anledning, rejser, holmgang (med angivelse af holmgangslovene) o. s.

v. Fortællingen er usædvanlig romantisk, men dog vel fra 12te århundrede, og giver et billede af heltens urolige og eventyrlige liv. Af sangene ere dog måske mange ikke af ham, men senere indskudte.

2. Þórðar saga hreðu har samme skueplads og tid (omtrent 970). Hovedpersonen nævnes ellers ikke, og sagaen er ikke mærkelig ved særegne ejendommeligheder. Tilnavnet forklares i sagaen selv.

3. Hallfreðar saga. Stedet er Vatnsdalen, tiden omtrent 1000. Hovedpersonen er den bekendte skald Hallfreðr vanðræðaskáld, som ovenfor er omtalt som en af de berømteste skalde hos Olav Tryggvasön. Der findes to redaktioner, en længere og en kortere, optagne i den vidtløftige Olav Tryggvasöns saga og i Flatøbogen. Sagaen hører til de ældre, er skrevet i et godt og fyndigt sprog, en livlig næsten poetisk stil, med bestræbelse for at stille den egenrådige skald i det rette lys, og anfører mange af hans viser. Interessant er skildringen af hans overgang til kristendommen.

4. Vatnsdœla saga. Begivenhederne foregå sammesteds som foregående sagas, men strække sig fra 870 til 1000 og er ikke én persons, men en hel slægts historie gennem 5 slægtled. Ingemundr den gamle flytter til Island på landnámstiden, og fortællingen angår ham og hans efterkommere. Den indeholder ingen viser, men ypperlige skildringer (af bersærken Þorkell, Freysbilledet og hovet, kristendommens indførelse). Affattelsen er næppe før 1250, håndskrifterne ere ganske ny, da den originale skindbog brændte 1728.

5. Finnboga saga hins ramma er en lille saga, hvis skueplads er Flateyjardalr og Viðidalr i tiden ved 950. Den er udpyntet med eventyrlige tilsætninger og næppe nedskrevet i den nuværende form før 1300 (Finnbogi udsættes, får stridigheder og eventyr i Norge og så fremdeles).

6. Grettis saga Ásmundarsonar (*Gretla*) strækker sig over et par århundreder (872-1033), men angår væsenlig den kække og ulykkelige Grettir den stærke og skildrer hans forunderlige hændelser i hans tyveårige fredløshed. Stedet er Vest- og Nordlandet, men scenen flyttes også til Norge. Gennem mange eventyr og forfølgelser kommer Grettir endelig til Drángey, en ensom ø, hvor han udstår mange farer, indtil han endelig dræbes. Hans banemand forfølges af broderen til Miklagård. Her er udentvivl et historisk grundlag, men det er udsmykket med mange fabler og overdrivelser; dog sætte Islændingerne stor pris på denne fortælling som en af de bedste både i form og indhold (mange viser og ordsprog). Den nuværende affattelse kan ikke være ældre end slutningen af 13de århundrede.

7. Bandamanna saga står i forbindelse med den foregående. Den henhører til Miðfjörðr og tiden er omtrent 1050. Indholdet er væsenlig beskrivelse af retsstridigheder. Dens affattelse sættes til henimod 1400.

8. Víga-Glúms saga er en. af de ældste fortællinger. Begivenheden henlægges til Eyjafjörðr i det 10de århundrede. Den meddeler ret betydningsfulde bidrag til sædernes historie (blotning til Frey, edsaflæggelse på ringen o.s.v.).

9. Vemundar saga ok Víga-Skútu eller *Reykdœla saga*. Begivenhederne foregå henimod slutningen af 10de århundrede i egnen ved Myvatn og i Reykjadalr. Indholdet findes tildels i den foregående saga, som er ældre.

10. Ljósvetninga saga eller *Guðmundar saga hins ríka*. Tiden er omtrent 990 til 1050, stedet Eyjafjörðr og Þingeyarsyssel. Sagaen beretter om Gudmundr den mægtige og hans sønner samt forskellige familietvistigheder. Den indeholder vigtige bidrag til at vise høvdingernes opkomst og stilling. Der findes ingen kvad deri.

11. Þorhalls þáttr ölkofra er en lille proceshistorie om Þorhallr, der opbrændte seks goders skov i Bláskógr, og de deraf opståede stridigheder. Begivenheden er fra omtrent 1020.

12. Svarfdœla saga omhandler begivenheder fra 900 til 960 i Svarfaðardalr. Efter det eventyrlige og fabelagtige indhold kan den vel rettest sættes til 14de århundrede.

13. Valla-Ljóts saga henhører til Eyjafjörðr i tiden lidt efter 1000 og omtaler Svarfdœlingernes stridigheder med Gudmundr den mægtige. Optegnet formodenlig ved år 1200.

d. Østerlandet, *Austfirðingafjórðungr.*

1. Vápnfirðinga saga eller *Brodd-Helga saga.* I Vápnafjörðr henimod 1000 kom to svogre Brodd-Helgi og Geitir i strid om det bytte, som de havde gjort ved at overfalde en Nordmand. Kampen i Bödvarsdalr ender med begges død. Sagaen er kort, men giver dog nogle oplysninger om oldtidens tilstand og indretninger.

2. Þorsteins þáttr hvíta hører sammestedshen, men går foran i tiden og kan betragtes som en indledning til den foregående: Þorsteinn hvíti var farfader til Brodd-Helgi.

3. Hrafnkels saga Freysgoða. Hovedpersonen nedsætter sig i Hrafnkelsdalr og hans levetid er omkring 950. Skildringen er livlig (om hesten Freyfaxi, striden med Sam, féransdom) og giver gode og mærkelige oplysninger om den hedenske gudsdyrkelse, forfatning og rettergang, ligesom et klart billede af den tænkemåde, der karakteriserer datidens mennesker.

4. Njarðvíkinga saga eller *Gunnars þáttr þiðrandabana* beskriver især Þiðrandis drab i Njarðarvik (Mulesyssel).

5. Droplaugarsona saga eller *Fljótsdœla saga* (foregår i Fljótsdalr i Mulesyssel henimod 1000), behandler brødrene Helgis og Grims levnet og bedrifter. Der gives to bearbejdelser: en kortere (ældre) og en længere (langt yngre, måske uægte); den første er fra 12te århundrede.

6. Þorsteins saga Siðu-Hallssonar (Sønder-Mulesyssel, mellem 1010 og 1050) fortæller om Þorsteins udenlandsrejser og stridigheder efter hjemkomsten. Den består af brudstykker.

———————————

Disse ere de vigtigste af de bevarede slægtshistorier, men ere dog kun brudstykker af de ansete slægters historie og afvige undertiden indbyrdes, dog ikke betydeligt, især når der tages hensyn til, at de først nedskreves efter en lang mundlig tradition på meget forskellige tider og steder. Det er meget usikkert at henføre nogen af dem til forfattere som Are, Styrmir eller Sæmund, men de falde naturligt i tre klasser: de ældste (1110-1200), de yngre (1200-1300) og de yngste (efter 1300). Betydeligt historisk udbytte give de ikke, da det virkelig historiske i dem kendes andenstedsfra. Hverken personer eller begivenheder ere opdigtede, men fortællerens fantasi har dog haft et sådant spillerum i skildringerne, at de med rette må siges at stå på grænsen mellem historie og digt. I hovedsagen ere de troværdige, men enkelthederne (som samtaler, der altid anføres med vedkommendes egne ord, den nøjagtige angivelse af småting ved begivenheder og handlinger) er et bevis på forening af historie og dramatisk-episk digtekunst. De må betragtes som begyndelse til den historiske roman og have derfor lige stor betydning ved bedømmelse af nordisk digtekunst og nordisk historieskrivning. Karaktertegningen er fortrinlig i de større sagaer, ligesom de afgive det bedste billed af tilstanden, kulturen, sæderne og forfatningen. Og hele anlæget af en sådan saga vidner om en kunst og smag, der vel var natur, men dog en til bevidsthed kommen natur.

C. Levnedsbeskrivelser

Levnedsbeskrivelser af Islændinger som virkelige historiske kilder. Herhid hører navnlig de islandske bispers historie (*biskupa sögur*), der udgør en stor samling.

1. Hungrvaka (ɔ: hungervækkeren, som skal give lyst til at erfare mere) er de fem første Skalholtske bispers historie, optegnet efter Gissurr Hallsons beretning (om hvem ovenfor er talt), «for, at unge mennesker skal lægge sig efter modersmålets studium». Dette værk ender med biskop Klængs død (1178), men beretter dog om biskop Þorláks kanonisering (1189); det er altså skrevet tidligst omtrent 1200, uden tvivl af en gejstlig mand, i et rent sprog, ligesom Kristnisaga, hvoraf dette skrift kan betragtes som fortsættelse, og afgiver højst vigtige historiske oplysninger.

2. Þáttr af Þorvaldi viðförla handler om Þorvaldr den berejstes ophold i Norge, rejse til Jerusalem og død i et russisk kloster. Stilen røber ligeledes en klerk, men fortællingerne og skildringerne af udenlandske forhold vidne om ringe sagkundskab og ere derfor mindre tilforladelige.

3. Derefter følge de enkelte bispers levngtsbeskrivelser: *saga Þorláks biskups hin elzta* (den 6te skalholtske bisp 1178-1183) og *saga Jóns biskups hin elzta* (den første bisp i Hólar, Jón Ögmundsson 1106-1121), samt *Páls biskups saga* (biskop Paul i Skalholt, 1194-1211). Dertil kommer *Jóns saga hins helga*, skreven oprindelig på Latin af Gunalaugr munk, *Þorláks saga hin yngri*, *Guðmundar biskups saga hin elzta* tilligemed to mindre, *Árna biskups saga* (biskop 1237-1298), omtalt ovenfor ved Sturlungasaga, *Laurentius saga Hólabiskups* (1267-1330) af Einarr Hafliðason (s. ovenfor), hvilket er den sidste islandske slægts- eller bispesaga. Uagtet det ikke skorter på legender i disse sagaer, ere de dog af stor vigtighed, de sildigere navnlig til at oplyse Islands forbindelse med Norge.

Historiske sagaer om Grønland og Vinland

Foruden hvad der findes andensteds (f. eks. i Eyrbyggja og Flóamannasaga) handler særligt herom:

1. Eiríks þáttr hins rauða. Fra nordvestkysten af Island drog Erik den røde til Grønland, hvor han nedsatte sig på vestkysten. Noget efter opdagede Eriks sønner Leiv og Torvald Vinland eller østkysten af Nordamerika omtrent år 1000, da Olav Tryggvasön vilde have landet kristnet. Sagaen omfatter kun 30-40 år, men indholdet er af betydning og grundet tildels på grønlandske sagn. Den er nedskrevet i 12te århundrede, men sammensat af brudstykker.

2. Þorfinns saga Karlsefnis. Denne fortælling skildrer Þorfinns rejser til Vinland, men den er sammenflikket af mange småstykker. Begyndelsen er efter Landnáma; ellers meddeles ret interessante skildringer af de grønlandske nybyggeres liv, vanskeligheder de måtte kæmpe med og overtro. Af sagaens to forskellige bearbejdelser er vel ingen ældre end omtrent 1300.

3. Grœnlendinga þáttr. Hovedpersonen er Einarr og begivenhederne (deriblandt forhandling om oprettelsen af en grønlandsk bispestol i Garðar) omfatter kun et kort tidsrum (1123-1133), men giver vigtige efterretninger. Stykket er vistnok skrevet omtrent 1200.

Historiske sagaer om Færøerne

Om dem handler *Færeyingasaga*, men den er i sin nuværende skikkelse sammensat af flere stykker, og indeholder fejltagelser og urigtigheder. Den er taget af Olav Tryggvasöns saga og af Flatøbogen og drejer sig om den mægtige og listige Þrándr i Gata og Sigmundr Brestisson, en samtidig og ven af Olav Tryggvasön, så at begivenhederne foregå mellem 960 og 1040. Kristendommen indføres og mange tildragelser fortælles, som stå i forbindelse dermed. Det er den eneste kilde til Færøernes gamle historie og forfattet enten der eller på Island før 1200. Men Sigmundr Brestisson er dog en ren poetisk folkehelt, som ikke kendes af historien, men lever i folkesagnet. Snorre begynder også øernes historie først dér, hvor Sigmunds historie ender.

Historiske sagaer om Orknøerne

Deres historie begynder med Sigurd jarl og den behandles i *Orkneyingasaga*, der omfatter tiden fra slutningen af 9de århundrede til noget efter 1200. Begyndelsen «frá jörlum» stemmer med Snorres jarlesaga, og det er klart, at sagaen egenlig er sammensat af flere enkelte jarlesagaer; ti de mellemliggende partier ere meget kort behandlede. Ellers er sagaen, af samme art som de almindelige, opfyldt af vers, og synes at have orknøiske beretninger til grundlag. Da forfatteren beråber sig på Snorre, kan affattelsestiden ikke være ældre end omtr. 1250; men yngre er den heller ikke. *Magnús saga helga eyjajarls* (om Magnus Erlendssön, der var jarl over øerne i begyndelsen af 12te århundrede) er en oversættelse af mester Rodberts latinske fortælling om Magnus, der intet nyt indeholder, men kun opbyggelige betragtninger og helgenlegender. Den må være fra omtrent 1300.

Historiske sagaer om Norge

Som moderlandet og hovedlandet, hvorfra både sproget og literaturen er udgået, om det end næsten udelukkende var Islændinger, der skrev og digtede, er det naturligt, at Norge og dets historie, navnlig dets kongers, blev en hovedgenstand for sagaforfatterne. Disse sagaer, der både ere mange og store, omhandle dels enkelte kongers historie, dels omfatte de en længere tid i en kortere fremstilling. Hvorvidt nogen af dem er skrevet i Norge eller af Nordmænd, er ikke let at afgøre; om de allerfleste og væsenligste vides med sikkerhed, at de ere opskrevne på Island, hvorfra også alle håndskrifterne ere komne. I den nyeste tid har man i Norge udgivet disse vigtige skrifter ved ligefrem at aftrykke håndskrifterne, der af disse ligesom af alle de egenlig islandske sagaer og oldskrifter for allerstørste delen og næsten udelukkende findes i den uskattérlige Arna-magnæanske samling på universitetsbibliote- ket og det store kgl. bibliotek i København[15].

1. Olav Tryggvasöns saga haves i 3 bearbejdelser: a) Ólafs saga Tryggva- sonar af munken Oddr Snorrason i Þingeyrakloster på Island, skreven om- trent 1170; b) samme af Gunnlaugr munk i Þingeyrakloster fra omtrent 1200. Begge ere oprindelig skrevne på Latin og senere oversatte på Islandsk. De beråbe sig på Are frode, Sæmund frode og Gisurr Hjallsson som hjem- malsmænd. c) samme i den udførlige Skalholtudgave af 1689-90, hvilken egenlig kun er nr. 2 forøget med tillæg af n. 1 og andre kilder. Den er skrevet af Bergr Sokkason, abbed i Þverákloster henimod 1350.

2. Olav den helliges historie foreligger i 2 bearbejdelser: a) *Ólafs saga hins helga*, den mindre eller legendariske, der består af en historisk del og et af- snit om Olavs mirakler, skrevet før Snorre eller omtrent 1170. Jærtegnene berettes efter ældre skriftlige kilder, det historiske efter mundlig overleve- ring; men forfatteren savner både overblik og dybere indsigt. Det synes at være en i Norge tagen afskrift af en ældre islandsk original, måske for den historiske dels vedkommende Styrmirs værk. b) *Ólafs saga hins helga*, den større, yngre end den foregående, der er benyttet her. Enten er den skreven efter Snorres Olav den helliges saga eller det er snarest Snorres eget arbejde, så at den, der nu findes i Heimskringla, er en bearbejdelse af denne, forsynet med en fortale.

3. Ágrip af Noregs konunga sögur (udtog af Norges kongers historie) går fra Halvdan svarte til Sigurd Jorsalafarer og antages at være skrevet i 13de århundrede, med en sær gammeldags Retskrivning. Det eneste bevarede

---

15 På Latin er skrevet Historia Norvagiensium af Theodoricus monachus, en munk i Nidaros omtr. 1180, som behandler tiden fra Harald hårfager til Harald Gille. Han har fulgt Islændingernes beretninger, men har selv ingen skriftlige kilder haft.

håndskrift er kommet fra Island, og det er det første ufuldkomne forsøg på at give en hel Norges historie, i lighed med Are frodes Íslendingabók for Island.

4. Fagrskinna (den fagre skindbog — således kaldet af Torfæus) er det næste forsøg på at give en samlet kongesaga. Den kaldes derfor også *Ættartal Noregs konunga*. To pergamentshåndskrifter deraf brændte 1728, så at der nu kun haves papirsafskrifter, navnlig to indbyrdes noget forskellige bearbejdelser, vistnok fra midten af 13de århundrede. Det lader sig ikke bevise, at den er skrevet i Norge. Indholdet er en rigtignok fragmentarisk Norges historie fra Halvdan svarte til Sverres optræden, og er øst enten af Heimskringla eller af de samme kilder, som Snorre benyttede; men det fjærner sig i det hele mere fra Heimskringla end nogen af de andre kongesagaer. Digtet *Eiríksmál* er bevaret heri foruden flere andre.

5. Morkinskinna («den smulrende skindbog», således kaldet af Torfæus formedelst dens skrøbelige tilstand) synes at være fra 13de århundredes begyndelse, skreven på Island. Bogen begynder med Magnus den godes ankomst til Norge 1035 og slutter med Eysteinn Haraldssons død 1157 med adskillige indskudte þættir om Islændinger især i begyndelsen, med mange viser og i det hele med stor udførlighed. Der er ikke spor af benyttelse af skrevne kilder til 1130, men derefter har den måske optaget Eiríkr Oddssons Hryggjarstykki. Sproget er gammeldage og mindre, flydende.

6. Hrokkinskinna («den runkne skindbog.» efter Torfæus's benævnelse) begynder historien efter Magnus den godes tronbestigelse og går ligeså langt som Heimskringla (1177, slaget på Re). De første kongesagaer ere meget udførlige, med småfortællinger, men står dog Heimskringla nærmere end Morkinskinna, hvilket endnu mere gælder det følgende; navnlig fra Harald Gille stemmer de næsten ordret med Heimskringla. Med Hrokkinskinna stemmer tildels den samling der er bevaret under navnet Hryggjarstykki.

7. Flateyjarbók er både den sidste efterslæt af sagatiden og sagamændenes virksomhed og den største af alle bevarede skindbøger (den udgør 1800 store trykte sider i den norske udgave). Den er skrevet mellem 1387 og 1395 af to islandske præster, Jón Þórðarson og Magnús Þorhallsson, foruden noget af en tredie unævnt forfatter. Den har navn af øen Flatey i Breiðafjörðr, hvor en bonde ejede den, da biskop Brynjúlfr Sveinsson opdagede den og fik den nedsendt til kong Frederik den 3die til det store kgl. bibliotek. Bogens bestemmelse var at samle og optage alt hvad der kunde tilvejebringes om Norge og Norges konger; men det nåedes ikke, og det er blevet til en højst uordenlig samling. Den indeholder foruden kongesagaeme til Håkon Håkonsöns død tillige Orkneyingasaga, Grœnlendingaþáttr, enkelte personers sagaer, også Geisli, Ólafsríma, Hyndluljóð, Fundinn Noregr, excerpter af Adam fra Bremen m. m.

8. Heimskringla eller *Noregs konunga sögur*, af Snorri Sturluson. Skønt alle ere enige om at erkende dette for det ypperste værk af gammel nordisk historieskrivning, er man dog indtil vore dage ikke kommet på det rene om, hvad der er denne forfatters arbejde og hvad der ikke tilhører ham, hvilket er så meget vanskeligere at algøre, som de forskellige håndskrifter afvige fra hverandre i mere, end hvad der kan kaldes læsemåder, nemlig tildels i redaktionen og optagelse eller udeladelse af hele partier, og de oprindelige skindbøger ere tabte undtagen enkelte, især: 1) *Fríssbók*, codex Frisianus (efter ejeren O. Friis, den kom senere i Arne Magnussons eje) fra begyndelisen af 14de århundrede. Den mangler Olav den helliges saga, men indeholder foruden Heimskringla Hákonar saga Hákonarsonar. 2) *Eyrspennill* (ɔ: bogen med messingspænder) fra omtrent 1300, indeholder hele slutningen af Heimskringla. Af de fortrinlige skindbøger *Jöfraskinna* og *Kringla*, der brændte 1728, haves afskrifter ved A. Magnussons håndskriver Ásgeir Jónsson, og efter disse ere udgaverne væsenlig besørgede. – Ligesom vor tids behandling af kilderne har frembragt en så sikker og rigtig tekst af Heimskringla, som ingensinde tidligere, således har den allernyeste tids kritiske undersøgelser godtgjort, at vi i Heimskringla have eget værk fra begyndelsen til enden, hvilket bestyrkes både ved de ydre og indre kendetegn. En anden sag er at afgøre, hvilke kilder Snorre har haft, hvilket må udfindes dels af hans egne angivelser, dels af hvad vi kende til ældre historiske værker; og hvorledes han har benyttet dem, kan kun bedømmes, for såvidt de ere bevarede. Det står i alle tilfælde over enhver tvivl, at Snorres værk er det mest fuldendte i den gamle literatur, at han med overlegen kritik og smag har øst af sine kilder. Dertil kommer hans mønsterværdigt rene og skønne sprog, hans fyndige, klare og livlige fremstilling, der gør ham til en historieskriver af første rang i alle henseender. Som sine kilder nævner han selv dels skriftlige dels mundlige meddelelser, dog sjældnere de første (som E. Oddssons Hryggjarstykki); gamle kvad, stamtavler og kyndige mænds fortælling anføres ofte. — Heimskringla — hvilket navn for resten ikke skriver sig fra forfatteren, men er langt sildigere, fremkaldt ved begyndelsesordene — indeholder: 1) *Fortalen*, der er en del forvansket, 2) *Ynglingasaga*, der næst efter formodninger om Asernes indvandring og de ældste tider fortæller Ynglingekongernes historie efter Þjóðólfs beretning, ligesom Lejrekongernes efter den nu tabte Skjoldungesaga. 3) *Saga Hálfdanar svarta*, kort, uden viser, som indledning til 4) *Haralds saga hárfagra*, især efter skaldekvad, dog vel også efter Are frodes æfl Noregs konunga, 5) *Hákonar saga hins góða*, bygget på mundlige efterretninger, 6) *Ólafs saga Tryggvasonar* og 7) *Ólafs saga helga*, efter kvad og Are frode; der angives ingen skriftlige kilder, 8) *Magnúsar saga góða* og 9) *Haralds saga harðráða* antydes ikke i fortalen. Her var den mundlige fortælling mere levende end ved de ældre. 10) Af de følgende er til *Saga af Sigurði, Inga ok Eysteini* efter forfatterens egne ord benyttet Eirikr Oddssons Hryggjarstykki. De sildigere kongers sagaer ere korte, og Snorre slutter med slaget på Re, 1177.

Som fortsættelse af Snorre kan betragtes de to følgende store skrifler:

9. Sverris saga, forfattet af Karl abbed Jónsson, under kong Sverres eget tilsyn, hvad begyndelsen angår, medens den sidste del er skrevet efter øjenvidners beretning. En kortere fremstilling findes i håndskriftet Eyrspennill, som af nogle tillægges Snorre selv.

10. Hákonar saga Hákonarsonar er skrevet af Sturla Þórðarson, vistnok på Island omtrent 1265. Beretningen slutter med året 1263. Af samme forfatters *Inga saga Bárðarsonar og Magnúsar saga lagabœtis* ere kun brudstykker bevarede.

Historiske sagaer om Danmark

Herhid høre 2 sagaer:

1. Jómsvíkinga saga er en fortælling om stiftelsen af det bekendte Jomsvikingeforbund og angrebet på Norge, der endte med slaget i Hjörungavåg 994. Den er bevaret i flere (3) bearbejdelser, der dog synes at støtte sig til samme grundlag; de ere alle fra begyndelsen af det 13de århundrede, og med alle deres overdrivelser og udsmykkelser samt den fejlagtige kronologi ere de dog både underholdende og meget vigtige for historien. Som kilder beråber forfatteren sig kun på islandske skaldes beretninger, hvilke vare øjenvidner til begivenhederne. Den korteste bearbejdelse begynder med Palnatoke og ender med nederlaget, den anden (i Flatøbogen) indeholder foruden dette tillige meget af Danmarks historie, den tredje og udførligste behandler først Gorm den gamles og Harald blåtands historie og slutter med nogle tillæg om de vigtigste deltagende personers senere skæbne.

2. Knýtlinga saga (det er: Knud den stores efterfølgeres, indtil Knud den 6te, altså lige så langt som Sakse går) er et hovedskrift for Danmarks ældste historie, fra Gorms regerings begyndelse til 1186. Den første del til Sven Estridsöns død er kortfattet, men det følgende er meget udførlig fortalt. Slutningen (de sidste hundrede år) støtter sig uden tvivl til dansk tradition. Affattelsestiden er omtrent 1250, og forfatteren er vistnok Ólafr Hvítaskáld, der en tidlang opholdt sig hos kong Valdemar den 2den. Sproget er noget stift og kunstlet.

Der gives desuden nogle småfortællinger, der ere meget ubetydelige, tildels rent opdigtede i en sildig tid og følgelig uden alt værd.

Historiske sagaer om Sverige

Sverige vedkommer nogle mindre fortællinger: *Styrbjörns saga*, om den store kamp mellem helten Styrbjörn og kong Erik (slaget på Fyrisvold), fortællingen om *Hroi den tossede, Ingvar vidförli* m.m.

Historiske sagaer om Rusland

Til Rusland hører *Eymunds saga* om Nordmanden Eymunds bedrifter i Gardarike i det 11te århundrede, der tildels oplyser Nestors beretninger.

De øvrige såkaldte historiske sagaer om fremmede lande og begivenheder ere alle romantiske eventyr, hvorfor vi herfra gå over til disse.

III. Den romantiske eller eventyrlige saga

Den Da denne del ad literaturen, om den end er meget omfangsrig, dog hører til den sildigere, efterklassiske tid og ikke er fremvokset af den nordiske åndsudvikling eller giver oplysning om Nordens historie og liv, skal den kun kortelig omtales. Det er frugten af berøringen med de sydlige lande og verdenskulturen, der gennem kristendommen og den latinske dannelse trængte ind, væsenlig ved gejstligheden og dem, der rejste i udlandet, hvorfra indførtes dels verdenshistorisk stof, dels helgenhistorie og legender, dels middelalderens ridderromaner fra Frankrig og Tyskland. — Af den gamle historie haves således fremstillinger af *Trójumanna sögur* (med *Merlínusspá* af Gunnlaugr munk), *Alexanders saga* (oversat af biskop Brandr 1260), *Rómverja sögur* (den romerske historie, efter Sallust og andre kilder); fremdeles *Breta sögur* (Britternes gamle historie), *Didrik af Berns saga* (om dette store, væsenlig af tyske kilder øste værk er ovenfor talt), *Karlamagnus saga ok kappa hans* (den største af de fra Fransk i det 13de århundrede oversatte ridderromaner), *Strengleikar eða Ljóðabók* (en samling af romantiske fortællinger efter bretoniske folkesange — *Lais* —, oversatte fra Fransk ved midten af 13de århundrede efter kong Håkon Håkonssöns foranstaltning), *saga om Tristram og Isodd* (uden tvivl en af de tidligst oversatte franske romaner, efter en angivelse i et håndskrift oversat 1226 af munken Robert), *Blómstrvalla saga* som kong Håkon ligeledes lod oversætte fra Tysk. Blómstrvöllr er en egn i Afrika. Eventyr om kong Ermenrek og Alexander magnus. Forfatteren angiver sig selv som Bjarni fra Nidaros, der ledsagede kong Håkons datter Kristine til Spanien, hvor hun ægtede kejser Frederiks broder), endelig *Evfemiaviserne*, der bleve oversatte på dronning Evfemias foranstaltning i begyndelsen af 14de århundrede, f. eks. sagaen om *Flóres og Blankiflúr* fra Fransk. Der findes en meget stor mængde andre større og mindre ridderromaner og folkebøger, af hvilke ikke få ere udgivne. — Den anden klasse af disse sagaer ere de, der have, et nordisk æmne, men ere opdigtede eller besmykkede med eventyrlige udmalinger. Ovenfor (slutn. af I) anførtes nogle, da det er vanskeligt at drage grænsen mellem de mytiske og de rent eventyrlige. Foruden de der omtalte skal her blot nævnes *Gautreks saga* (først et rent almueeventyr, dernæst et heltesagn om Starkaðr Stórverksson, der hviler på en gammel grund, men er aldeles løst indskudt, endelig et nyt eventyr); *sagaen om Herrauðr og Bósi*, aldeles eventyrlig og hæslig; *Þórsteinn vikingssons saga*, fuld af urimelige opdigtelser og vilde fantasier; *Gange-Rolfs saga*, en af de bedste, men slet ikke historisk eller ægte nordisk; *Eiríkr viðförlis saga*, af opbyggeligt kristeligt indhold. — Den tredie klasse er helgensagaerne og legenderne, der også ere overmåde talrige, skønt de færreste ere trykte. Også af disse stå nogle på overgangen til de historiske sagaer, og mange findes indskudte i sådanne (som den ældste om *Albanus og*

Sunniva og de hellige på Selja, der er optaget i den store Olav Tryggvasöns saga). De fleste ere udenlandske og fra andre sprog oversatte af gejstlige. Særlig omtale fortjener dog *Barlaams og Josafats saga*, der er udgiven. Det er en stor religiøs-romantisk digtning, oprindelig skreven på Græsk i 8de århundrede af den hellige Johannes fra Damaskus, senere på korstogenes tid bragt til Vestevropa og oversat på Latin, hvorfra den hurtigt blev overført i de nyere sprog og i Norge oversat omtrent 1200 af kong Håkon Sverressön. Sproget er gammeldags (ligesom Kongespejlets), og skildringerne meget opbyggelige, kristelig sværmeriske og poetisk underholdende. — *Mariu saga* er en meget stor samling (1200 trykte sider) af legender om den hellige jomfru Maria og hendes jærtegn, oversat fra Latin henimod år 1200 på Island.

Love

Lovkyndighed er den eneste gren af literaturen, hvori der ved siden af digtekunst og historie frembragtes noget af betydning så vel på Island som i Norge, ligesom også love ere de ældste skriftlige mindesmærker på Dansk og Svensk. Disse gamle. love ere af vigtighed 1) for retsvidenskaben, med hensyn til lovenes historie og fortolkning, 2) for kulturhistorien, som vidnesbyrd om folkenes indre forfatning, deres religionsvæsen, familieliv o.s.v., 3) for sagaernes forståelse, hvor retsforhold idelig komme for, 4) for sproget, da mange udtryk og talemåder her forklares, som siden ere gåede af brug. Lovkyndighed var hos de gamle Nordboer en væsenlig del af dannelsen, men den erhvervedes ligesom hos Romerne og andre oldtidsfolk rent praktisk ved deltagelse i de offenlige anliggender og retshandlinger[16]; og lovene opstode ligeledes naturligt og simpelt af vedtægter i samfundsforholdene, og prøvedes ved erfaring. Først efter at en hel del slige bestemmelser ere vedtagne, kan der være tale om lovkyndighed, om der end endnu ikke er nogen skreven lovbog. Først efter, kristendommens indførelse finde vi skrevne love, på hvilke den ny lære da straks havde haft indflydelse.

De islandske love. Efter den første tid, da der hverken var lov eller ret (*sjálfdœmi*, selvtægt), opstode herredsting, hvor herredsforstanderen dømte. Først ved Altingets oprettelse begynder lovgivningen. Ulfljótslovene

---

[16] Også i Norden var det skik, at unge mennesker bleve satte i huset («opfostrede») hos ansete lovkyndige mænd for lære af dem, som Þorhallr Ásgrímsson hos den berømte Njáll.

927 vare mundlige, få og korte. Efter en Altingsbeslutning gjordes de første skriftlige optegnelser af love 1118 af Bergþórr Rafnsson og Hafliði Mársson, og dette blev grundlaget for 1) *Grágás* (grågåsen)[17], den ældste lovbog i fristaten. Et nyt gennemsyn foretoges af lovsigemanden Guðmundr Þorgeirsson 1123-1135, og resultatet heraf er Grágás i dens bevarede form, der blev en fælles lov for hele landet. Den findes i to håndskrifter, af hvilke det ene er fra omtrent 1250, det andet fra omtrent 1300. I landet selv kaldtes den enten *allsherjarlög* (fælleslov) eller *forn lög*. Da Island underkastedes Norge (1256-64), bleve snart ny love fornødne, og kongerne Håkon Håkonssön og hans søn Magnus lagabœtir gave da 2) *Hákonarbók* eller (formedelst de strænge deri fastsatte straffe) *Járnsiða*, der vel er ufuldstændig, men hvis opgave er at bringe den islandske og norske lovgivning i overensstemmelse. Den blev aldrig fuldendt, fordi den stykkevis og under megen modstand blev indført 1271. Men Islændingernes klager og de ny fuldendte lovarbejder i Norge bevægede kong Magnus til at foretage en ny revision, som dog først Erik, præstehader sendte til Island. Den fik navn af 3) *Jónsbók* efter lovsigemanden Jón Einarson, der overbragte den, og den blev «lovtaget» på Altinget 1281. Den er endnu gældende lov i landet under navnet Jónsbók hin forna. — Den gejstlige lov eller kirkeretten holdtes adskilt fra den borgerlige lov og opstod af bispernes forordninger (som Gissurr Isleifssons om tiende fra 1096). Det er *Kristinréttr hinn gamli* fra 1123, udarbejdet af biskop Þorlákr i Skálholt og Ketill i Hólar, i hvis affattelse også Sæmund frode havde del. Efter foreningen med Norge antoges *Kristinréttr hinn nýi* 1275, men uden kongens vidende, hvilket fremkaldte en heftig strid mellem kongen, erkebispen og den islandske biskop Árni. Den er tildels øst af den gamle, med en del ny bestemmelser, og kaldes også Árnis kristenret, fordi den er udarbejdet af biskop Árni Þorláksson på erkebiskop Jóns opfordring. — Alle disse lovbøger ere bevarede.

---

[17] Navnet skal den have fået af en norsk «grågås», der i Helmskringla tillægges Magnus den gode.

De norske love. De ældste vare 1) de 4 gamle landslove for landets 4 lagdømmer: *Frostatings-, Gulatings-, Eidsivatings-* og *Borgartingsloven,* af hvilke den 3dje er den ældste (omtr. 850), de 2 første fra Håkon den godes tid (omtr. 950), den sidste yngre. Olav den hellige tilføjede en kristendomsbolk til hver. I deres nuværende skikkelse ere de dels reviderede (s. 3), dels kun bevarede i ubetydelige brudstykker (de to sidste). 2) Den ældre købstadlov kaldet *Bjarkeyjarréttr,* bevaret i en mangelfuld form, af uvis alder. 3) en ny revision af de gamle love, af kong Magnus lagabœtir der gjaldt indtil 1604. 4) den *nyere Bjarkøret* eller bylov, istandbragt af samme konge. 5) kristenretter: Sverres og flere, samt erkebiskop Jóns kristenret fra 1280. 6) *Hirdskrå,* regler for kongens hird, af Magnus lagabœtir. Endelig 7) en mængde retterbøder og forordninger fra 1280 til 1387[18].

---

[18] Samtidige med disse islandske og norske love er de gamle danske og svenske, nemlig; 1) Skånske lov, Jydske lov, Valdemars sællandske lov og Eriks sællandske lov. 2) De svenske landskabslove ere 10: Uplands-, Södermanna-, Vestmanna-, Dale-, Helsinge-, Vestgöta-, Østgöta-, Smålands-, Skåne- (forsåvidt den nu regnes til Sveriges) og Guta-lagen (Gotlandsloven). Denne sidste og Vestgötalagen ere de ældste og mærkeligste af dem.

Andre skrifter

Andre skrifter, som ikke henhøre til nogen af de tre opstillede arter, men til særlige fag, gives der næsten ikke i literaturen; ti egenlig stræng videnskabelighed fandtes ikke. Dog gives der et par undtagelser, nemlig et skrift, *Kongespejlet*, der må kaldes fllosofisk-didaktisk, et par, der kunne kaldes teologiske, og lidt, der kan kaldes matematisk-astronomisk. Med omtalen af disse slutter da denne oversigt.

1. Kongespejlet, *Konungs skuggsjá* (*speculum regale*). Grunden til dette navn angiver forfatteren selv i indledningen eller fortalen: «det smukke navn skulde iskaffe bogen læsere, og de givne forskrifter gælde ligeså vel kongens som andre menneskers sæder; kongen bør således ofte se i dette spejl.» Dernæst angives den plan først at omhandle købmænds idrætter og sæder, dernæst kongers, høvdingers og deres mænds, derefter gejstlighedens (de lærdes), endelig bønders og almuens. Af disse fire parter er imidlertid kun de to første udførte, enten fordi forfatteren ikke er kommen videre eller — hvad der dog er usandsynligt — fordi det øvrige er tabt. Der er i håndskrifterne ikke spor af, at værket har været større end det nu er. Bogen er sikkert skreven i Norge og om ikke af kong Sverre selv, så af en Nordmand, der hørte til Sverres parti og omgivelser, i den nordlige del af landet (Hálogaland). Forfatteren ønsker selv, at hans navn skal være ukendt, for at man i bedømmelsen af skriftet kun skal se på sagen, ikke på personen. Angående affattelsestiden er det sikrest at sætte den efter Sverres regeringstid eller efter 1200, ikke langt ned i den følgende ridderlige tid under Sverres efterfølgere (1250). Den ældste fortrinlige skindbog, som indeholder skriftet, må også være fra midten af 13de århundrede, og er måske en afskrift af originalen. At skriftet vandt stort bifald og blev meget læst, derom vidner de talrige afskrifter; at dets anskuelser (opposition mod gejstligheden, hævden af kongemagten) gjorde sig gældende, spores tydeligt af ånden i den norske statsstyrelse og lovgivning, der fulgte efter. Foruden politiske og moralske spørgsmål afhandles også meget henhørende til naturvidenskab og naturhistorie; alt vidner om en høj grad af kultur og dannelse, en vakt religiøs og sædelig sans og slebenhed i omgangslivet. Det har derfor altid med rette været anset for en sand pryd i den gamle literatur, og sprog og udtryk er sirligt og rent, fyldigt og klart, om end noget retoriserende.

Til Kongespejlet slutter sig en særlig lille afhandling om kirkens forhold til staten» (anecdoton historiam Sverreri illustrans), der er skrevet omtrent 1200 af Sverre selv eller på hans foranledning af en højtstående gejstlig.

Af dognmtisk-moralske eller teologiske værker haves dels homilier dels afhandlinger oversatte fra Latin. Af disse sidste må mærkes 2) *Elucidarius* eller *Lucidarius* (oplyseren), der almindelig tillægges erkebiskop Anselm af Canterbury († 1109), hvilket skrift er oversat på flere sprog i middelalderen, også på Dansk. Det fremstiller på den skolastiske filosofis måde i dialogform (samtale mellem magister og discipulus) den kristelige teologis hovedlærdomme og blev vel brugt som en lærebog. Det interessanteste ved den islandske bearbejdelse er håndskriftets ælde, da det hører til de allerældste bevarede (omtrent, fra 1200) og derfor er af stor betydning i sproglige undersøgelser. 3) *Homilier* eller prædikener findes der mange af, for en stor del oversatte fra Latin, men adskillige også oprindelig skrevne på modersmålet. De holde sig meget til det legendariske (helgeners historie og mirakler) og vise, hvorledes religionsundervisningen behandledes af gejstligheden. I de nu udgivne Homilibøger findes foruden mange sådanne religiøse taler også en oversættelse af Alcuinus de virtutibus et vitiis (den berømte Alkuin på Kari den stores tid). 4) *Stjórn* (ɔ: styrelsen, guds styrelse af verden) er et stort bibelhistorisk værk (omtr. 650 store trykte sider) eller et slags bibeloversættelse og som sådan det ældste forsøg, der er gjort i Norden. Dets fremstilling begynder med verdens skabelse og går gennem det gamle testamente indtil det babyloniske fangenskab, men er udførligst i begyndelsen (således udgør behandlingen af 1ste Mosebog over en tredje del af det hele eller 250 sider), idet der foruden bibelens egen fremstilling er medtaget meget af Josefos, kirkefædrene (Augustinus) og af middelalderens lærde skrifter (speculum historiale, Petrus Comestors historia scholastica). Længere hen er det mere en fri bibeloversættelse med kortere tilføjelser. Skønt nogle håndskrifter give underretning om forfatteren og forfatterens tid, er sagen dog ikke afgjort, da der er flere modsigelser. Den første halvdel udgør en af kong Håkon Magnusson foranstaltet kompilation i begyndelsen af 14de århundrede. Dette er den yngste del (indtil Exodus kap. 18); den anden del (indtil slutningen af Pentateuken) er lævning af en ældre bibeloversættelse fra omtrent 1250; håndskriftet heraf er meget ungt (fra omtrent 1500); slutningen er en friere bearbejdelse af bibelens historiske bøger fra omtrent 1250. I slutningen af det ene håndskrift tillægges arbejdet biskop Brandr Jónsson i Hólar.

Af skrifter henhørende til jordbeskrivelsen er bevaret en 5) *Leiðarvísir* eller vejviser og beskrivelse af lande og stæder (udgivet under titlen *Symbolæ ad geographiam medii ævi*), navnlig rejseruter til Rom og Palæstina, affattet med megen sagkundskab og benyttelse af fremmede geografiske arbejder efter abbed Nikolaus's anvisning, omtrent 1200. — Herfra komme vi til en samling af astronomisk-kalendariske og matematiske opsatser, som udgøre indholdet af 6) *Rímbegla* og det dertil føjede *Blanda* (blanding). Disse værker ere skrevne på Island omtrent ved 1300 og indeholder komputistiske, astronomiske, geografiske afhandlinger, om årets og tidens inddeling. En egen afhandling benævnes *Algorismus* om de arabiske taltegn, regning med tal, de fire regningsarter, kvadrat- og kubikrod. Denne sidste findes i *Hauksbók*, optegnet ved den af videnskabelighed i mange retninger højst fortjente Haukr Erlendsson.

Idet denne oversigt her sluttes, skal det kun endnu bemærkes, at det på mange punkter beror på et skøn, hvor meget der skal regnes med til oldliteraturen, som umærkeligt går over i den egenlig islandske og norske literatur, ligesom den gammelgræske i den byzantiske og den gammellatinske i middelalderens latinske literatur. Men det indtryk vil enhver få, som overskuer og omfatter hvad der i den mærkelig korte tid af et par århundreder frembragtes navnlig på Island, at heri haves et sjældent rigt forråd af skriftlige mindesmærker, som vidner om folkets begavelse og dygtighed, den selvstændige åndsudvikling, der gik for sig i det høje Norden, og om vort oldsprogs overordenlige rigdom, bøjelighed og skønhed, hvis livskraft har bevaret sig usvækket indtil vore dage, rigtignok begunstiget ved Islands afsides beliggenhed, medens alle de øvrige gamle sprog ere uddøde eller gåede over til de nyere ved al slags blanding og svækkelse af deres gamle ejendommelighed.

Navneregister

www.heimskringla.no

Heimskringla Reprint er en serie genudgivelser af bøger, som ikke længere er tilgænge-lige, hovedsageligt norrøne kildetekster og baggrundsmateriale for disse. Serien udgives som en del af projektet *Heimskringla – Norrøne Tekster og Kvad*, hvis formål er at for-midle norrøn litteratur. Projektets hjemmeside – www.heimskringla.no – er i dag den største database med norrøne tekster på internettet.

1. Hans Georg Møller: *Den ældre Edda* (dansk)
2. Finnur Jónsson: *Snorre Sturlusons Gylfaginning* (dansk)
3. Finnur Jónsson: *Are Thorgilssons Íslendingabók* (oldislandsk og dansk)
4. Olaf Hansen: *Den ældre Edda* (dansk)
5. Diverse: *Vølvens spådom – en antologi* (oldislandsk, dansk, norsk, svensk)
6. Finnur Jónsson: *Kongespejlet – Konungs Skuggsjá* (dansk)
7. Erik Brate: *Eddan – De nordiska guda– och hjältesångerna* (svensk)
8. Gudmundur Thorlaksson: *425 norsk–islandske skjalde* (dansk)
9. Vilhjálmur Finsen: *Grágás – Islændernes lovbog i fristatens tid* (dansk)
10. Adolf Hansen: *Bjovulf og Kampen i Finsborg* (dansk)
11. Finnur Jónsson: *Den islandske litteraturs historie tillige med den oldnorske* (dansk)
12. Axel Olrik: *Ragnarok* (dansk)
13. Vilhelm B. Hjort: *Den gamle Edda* (dansk)
14. Gísli Brynjúlfsson: *Tristram ok Ísönd
    – en riddersaga på oldislandsk og dansk* (norrønt og dansk)
15. Knut Rage: *Chronica Regum Manniæ et Insularum – Krøniken om kongane og bisko-pane på Man* (norsk)
16. Gustav A. Gjessing: *Den ældre Edda – Norrøne oldkvad fra vikingetiden* (norsk)
17. Finnur Jónsson: *De gamle eddadigte – Første del: Gudedigtene* (norrønt og dansk)

18. Finnur Jónsson: *De gamle eddadigte – Anden del: Heltedigtene* (norrønt og dansk).
19. Jesper Lauridsen: *Snorres Edda – Uddrag af Edda Snorra Sturlusonar* (dansk)
20. Axel Olrik: *Nordisk åndsliv i vikingetid og tidlig middelalder* (dansk)
21. Magnus Fredrik Lundgren: *Språkliga intyg om hednisk gudatro i Sverige* (svensk)
22. Vilhelm Grønbech: *Vor folkeæt i oldtiden, bind 1* (dansk)
23. Vilhelm Grønbech: *Vor folkeæt i oldtiden, bind 2* (dansk)
24. Louis Moe: *Ragnarok – en billeddigtning* (dansk)
25. Frederik Winkel Horn: *Den ældre Edda* (dansk)
26. Valtýr Guðmundsson: *Island i fristatstiden* (dansk)
27. Vilhelm Grønbech: *Nordisk religion og Religionsskiftet i Norden* (dansk)
28. Georg F. W. Lund: *Oldnordisk litteratur - En kort oversigt* (dansk)